JOHANNA SOPHIE

Wie liebst du denn?



GOLDMANN

JOHANNA SOPHIE

# WIE LIEBST DU DENN?

Unsere Beziehungsreise mit Streit, Angst, Alltag und ganz viel Verbundenheit

GOLDMANN

MIX
Papier | Fördert gute Waldnutzung
FSC® C014496

Penguin Random House Verlagsgruppe FSC® N001967

2. Auflage
Originalausgabe August 2024

Redaktion: Oliver Uschmann
Umschlag: Uno Werbeagentur, München
Umschlagmotiv: Katja Kruse (Instagram: @katjakrusefotografie)
Satz: Satzwerk Huber, Germering
Druck und Bindung: GGP Media GmbH, Pößneck
Printed in Germany
AR · IH/cb
ISBN 978-3-442-18010-3

www.goldmann-verlag.de

*Für Sebastian.*

*Nur wegen dir weiß ich heute,*
*wie viel ich mir selbst bedeuten darf.*
*Immer noch bis über beide Ohren.*

# INHALT

# VORWORT

Ich sitze im Schneidersitz ganz rechts außen auf unserem beigen Cordsofa vor einem großen Fenster, den Laptop aufgeklappt auf der Armlehne. Mein üblicher eher unüblicher Arbeitsplatz. Es riecht nach Kaffee, denn Sebastian hat mir gerade den zweiten des Tages in einer meiner liebsten Tassen gebracht, der blauen. Die gelbe mag ich noch lieber, aber in die passt noch mehr Kaffee hinein und damit noch mehr Koffein, was ich am Nachmittag nicht so gut vertrage. Also darf es heute die blaue Tasse sein.

Rechts von mir liegt mein Notizbuch, in das ich gerade noch einen letzten Blick geworfen hatte, bevor ich das dunkelblaue Leseband hineingeschoben, das Buch geschlossen und mich meinem Laptop gewidmet habe.

In meinen Ohren spielt die *LoFi*-Musik eines YouTube-Videos, das die Sekunden herunterzählt. Gerade bin ich bei 16:22, bei null heißt es fünf Minuten Pause, und danach geht es noch mal 25 Minuten weiter, bis wieder fünf Minuten Pause anstehen. Diese YouTube-Videos waren meine persönliche Rettung im Schreibprozess.

Draußen ist es grau, aber nicht unbedingt dunkel, und die Bäume vor unserem Fenster sind noch kahl. Es ist noch früh im Jahr, Februar, und ich bin in unsere gelbe Wohnzimmerdecke eingewickelt, da wir vor einer halben Stunde die gesamte Wohnung gelüftet haben.

Ich höre Sebastian sich räuspern, er sitzt zwei Meter hinter mir an unserem runden weißen Esstisch und arbeitet heute im Homeoffice. Vor ihm steht ein Blumenstrauß, mit dem ich ihn letzte Woche gefragt habe, ob er mein Valentin sein möchte, denn in zwei Tagen ist Valentinstag.

Die Deckenleuchten sind ausgeschaltet, dafür spiegeln sich in meinem Laptop zwei warme orangefarbene Lichter – indirektes Licht ist am gemütlichsten.

Peripher rechts von mir steht unser Bücherregal, das sich im letzten Jahr gefüllt hat, da ich meine Liebe zum Lesen wiederentdeckt habe. Eins meiner liebsten Bücher liegt jedoch unter meinem Notizbuch, die grün-gelbe Birne auf dem Cover ragt ein wenig hervor: *Alte Sorten* von Ewald Arenz. Auch wenn ich es erst letzten Sommer gelesen habe, möchte ich es diesen Frühling direkt wieder tun. Es liest sich wie eine laue Sommernacht, in der eine perfekte Brise weht und die Luft nach Gras, Blumen und Leichtigkeit riecht.

Ich höre die Waschmaschine durch das *Noise Canceling* meiner Kopfhörer und hoffe, dass nicht wieder irgendetwas Zerbrechliches auf ihr liegt, das beim Schleudergang runterfallen könnte.

Ich liebe unsere farbenfrohe Zweieinhalbzimmerwohnung in Stuttgart, aber das Einzige, was mir in den letzten Tagen beim Einschlafen, Aufwachen und Tagträumen durch den Kopf geht, ist, wie sehr ich mich darauf freue, hier auszuziehen.

Nicht weil ich mich nicht wohl fühle, sondern weil die Pinterest Boards darauf warten, Realität zu werden. Ein kleines Haus mit direktem Sonnenlicht, Platz für ein Büro und Shooting-Zimmer, ein Garten mit Hochbeeten und Raum für Partys, wenn uns danach ist.

Kann mich mal jemand kneifen?

Im Januar 2025 wird der rostrote karierte Teppich neben mir in einem hellen, lichtdurchfluteten Wohnzimmer liegen und beim Arbeiten mein Blick nach draußen auf unsere eigene Terrasse fallen. Träume, die in Erfüllung gehen.

Hätte mir mit 18 jemand gesagt, dass ich mit 26 wieder in das Kaff ziehe, aus dem ich komme, hätte ich ungläubig den Mund aufgerissen und dann laut angefangen zu lachen. Ich dachte immer, ich bin ein Großstadt-Girl, gefangen im Dorf, das nur darauf wartet, weit weg von ihrer Familie und der langweiligen Landluft zu sein. Aber *turns out* – die macht mich glücklicher als Freiburg, Rom, Barcelona oder Stuttgart zusammen. Oder tut es zumindest jetzt, im nächsten Abschnitt unseres Lebens.

Unseres gemeinsamen Lebens.

Sebastian und ich sind dieses Jahr, 2024, neun Jahre ein Paar. Zwei davon haben wir noch im Kinderzimmer unserer Elternhäuser verbracht, ein halbes auf einer *Backpacking*-Reise durch Südostasien, zwei in Freiburg in unserer ersten gemeinsamen Wohnung, eins zu Coronazeiten in unserer Heimat, zwei Monate in Rom, sechs in Barcelona und eineinhalb Jahre in Stuttgart.

Neun Jahre. Und ich würde sagen, neun sehr prägende.

Jahre, in denen wir gemeinsam erwachsen geworden sind, uns durch Zweifel, Unsicherheiten, Kommunikationsschwierigkeiten, Missverständnisse, Libidoflauten und vieles mehr gekämpft haben.

Jahre, in denen wir gelacht haben, bis uns der Bauch wehtat, füreinander da waren, wie kein anderer Mensch es könnte, uns Geborgenheit, Sicherheit und die tollsten Momente geschenkt haben.

Und jetzt gerade in diesem Augenblick, in dem ich hier sitze, neben mir die blaue Tasse, mein Mail-Postfach geöffnet, bin ich kurz davor, ein Buch über genau diese ganzen Jahre an meinen Verlag abzuschicken.

Ein Manuskript, das nicht nur die rosaroten Seiten einer Beziehung zeigt, sondern auch die Arbeit, die hinter einer Verbindung steckt.

Seiten voller Streitszenarien, Selbstreflexion, Entschuldigungen, Erfolgsmomente, Widersprüche, Wachstumsprozesse und vor allem voller Liebe. Und das alles nicht erfunden, es sind keine fiktiven Figuren, um die es hier geht. Es ist unsere Geschichte – echt und real.

Die Mail, die ich gleich abschicken werde, wird unglaublich intime, rohe und private Teile meiner Beziehung in die Öffentlichkeit katapultieren. Noch mehr, als es meine sozialen Kanäle je getan haben.

Denn das, was ich in diesem Manuskript niedergeschrieben habe, ist mit so vielen detaillierten Emotionen bestückt, wie es ein Einminutenvideo auf TikTok kaum je darstellen könnte.

Es ist alles, was ich weiß. Alles, was wir gelernt haben. Antworten auf fast jede der Fragen, die mir online so oft gestellt werden.

Auf Social Media geschieht häufig das, was ich mit diesem Buch versuche zu verhindern – Vergleiche mit einer nur halb wahren Realität.

Der Urlaub, in dem das blaue Meer gezeigt wird, die vermüllten Strände aber nicht gepostet werden. Die Wohnung, in der das Bett im Morgenlicht frisch bezogen wird, der überquellende Wäschesack aber nicht im Bild ist. Ein Paar, das lachend vor der Kamera miteinander tanzt, und niemals ein Paar, das im Zoff mit den Türen knallt. Ich filme zwar auch nicht, während ich mich mit meinem Freund streite, aber ich erzähle von diesen Momenten. Denn sie gehören dazu. Genauso wie der ruinierte Urlaub, die dreckige Wäsche und der manchmal langweilige Alltag.

Genauso wie der lustige Abend mit *Mario Kart,* die überglückliche Umarmung beim Wiedersehen oder der romantische Städtetrip nach Rom.
Ich versuche so gut es geht, ein Gesamtbild davon zu vermitteln, wie eine Beziehung, unsere Beziehung, aussieht. Und ich meine zu wissen, dass das vielen Menschen hilft, ihren Perfektionismus abzulegen, und sich der Beziehungsarbeit und der Liebe, die dadurch ermöglicht wird, wirklich hinzugeben.

Ich zapple auf dem beigen Sofa leicht herum, weiß nicht so genau, wie ich sitzen soll. Mein Bauch fühlt sich flau an, meine Knie sind wackelig, mein Herz ist weich und offen.

Ich bin irgendwie traurig. Darüber, dass der Schreibprozess jetzt vorbei ist, denn durch das Niederschreiben habe auch ich noch mal unsere ganze Beziehung, unsere *Learnings* durchleben dürfen.

Ich bin aufgeregt. Weil Menschen meine Worte lesen, sich ihre Meinung bilden und mich kritisieren werden.

Ich bin glücklich, diesen langen Weg gegangen zu sein, und darüber, dass Menschen endlich dieses Buch lesen können, sich weniger allein fühlen, sich in meinen Zeilen wohl fühlen dürfen.

Ich bin sehr stolz, vor allem auf Sebastian und mich. Dass er hier hinter mir sitzt und sich räuspert. Dass wir all das, was ich in diesem Manuskript niedergeschrieben habe, gemeistert haben.

Ich bin dankbar für die Chance, den Traum, ein Buch zu schreiben, Realität werden zu lassen.

Es geht viel in mir vor, während ich die Maus immer wieder über den »Senden«-Button gleiten lasse.

Gleich werden all meine Worte aufgeteilt, durch die Luft geschickt und in München, am Laptop meiner Lektorin, wieder zusammengefügt.

Vor einem Jahr hätte ich mir nicht mal erträumen können, ein Buch zu schreiben, und jetzt ist es schon wieder vorbei. Einen gefühlten Wimpernschlag später.

Ich habe es schon immer geliebt, Momente, Erlebnisse, Emotionen einzufangen.

Mit acht Jahren bin ich durch das damalige Haus meiner Familie gesprungen, in der rechten Hand einen alten Camcorder. Solche, die jetzt wieder verwendet werden, weil sie den Videos einen coolen Retrolook verschaffen. Ich bin so jemand, der jetzt eine coole Retrokamera für diesen Look hat. Und damals war ich auch so jemand. Mini me. Wie die kleine Johanna mit nackten Füßen über den PVC-Boden läuft und alle in diesem Haus lebenden Kreaturen – fünf Menschen und drei Katzen – sucht, um sie zu interviewen. Aber zuallererst mich. Im länglichen Spiegel, der im Flur zwischen Wohn- und Schlafzimmertür hängt.

Ich rede vor der Kamera mit gestelzter Stimme und spreche zu meinem imaginären Publikum. Als Nächstes sieht man einen Clip unserer getigerten Katze Pupsi, die auf dem roten Ledersofa liegt und eingerollt schläft. Ich zoome ganz nah an ihre Ohren heran, sodass man die feinen, abstehenden weißen Härchen sehen kann. Das Video wechselt zu meiner kleinen Schwester, die mit Schokolade verschmiert, nur in Strumpfhose und rotem Pulli, ein von ihr erfundenes Ständchen singt, und schwenkt rüber zu meinem rauchenden Vater, der gerade die Fernbedienung sucht, um den schwarzen Röhrenfernseher einzuschalten.

Meine Mutter schreit aus der Küche, dass es Essen gibt, und der nächste Clip besteht aus meinem Teller, auf dem sich Gurkensalat und Kartoffeln mit Joghurtdip befinden. Ich schwenke zur Tür, meine große Schwester kommt herein und entschuldigt sich in genervtem Ton dafür, zu spät zu kommen, bevor sie sich neben mich setzt.

Ein Day in the Life of Johanna Sophie, 2006 Edition.

Heute, 18 Jahre später, halte ich immer noch mein Leben fest. Nehme auf Instagram täglich über 80 000 Menschen dabei mit, wie ich Sebastian und mir Frühstück zubereite, meine Mutter zum Krankenhaus fahre oder den ersten Frühlingsspaziergang mache. Teile auf TikTok mit über 300 000 Menschen jeden Tag drei Videos zu den verschiedensten Themen rund um das Thema Beziehungen. »Wie werde ich unabhängig?, Teil 3«, »52-Tage-Dating-Serie, jede Woche 2023 ein Date«, »Folgt mir für mehr realistischen Beziehungscontent, ihr seid nicht alleine«.

Angefangen hat alles 2018 auf Instagram. Ich habe das, was mich bewegt, nicht nur festgehalten, sondern auch im Foto- und Videoformat geteilt. Anfangs Yoga, dann Feminismus, mentale Gesundheit, Beziehungstipps und jetzt alles, was mit meiner Lebensrealität zu tun hat. Alles, was mich berührt und von dem ich glaube, dass es auch andere berühren kann. Und mit der Zeit wurde meine Passion zum Beruf. Stand heute halte ich Momente nicht mehr nur auf Video, sondern auch auf Papier fest.

Ich spüre sanft eine Hand auf meinem Rücken und schrecke leicht hoch. Mich kann man unglaublich gut erschrecken, auch wenn Sebastian das hier gerade gar nicht vorhatte.

»Na? Wann drückst du ihn endlich?«, sagt er leicht grinsend.

»Wen?« antworte ich verdutzt.

»Ja den ›Senden‹-Knopf. Du sitzt hier schon seit locker dreißig Minuten. Das Buch wird so vielen Leuten helfen und ganz viele Menschen bewegen – da bin ich mir sicher.«

Er streichelt langsam an meinem Rücken hoch und runter, drückt mich behutsam in eine leichte Umarmung.

»Ich weiß doch, aber wenn ich das jetzt abschicke, ist es vorbei.«

»Das stimmt doch gar nicht. Wenn du das jetzt abschickst, geht es erst so richtig los.«

Er lächelt mich an, und ich muss zurücklachen, denn, ja, er hat Recht.

Meine Maus wandert zum »Senden«-Button. Drei, zwei, eins – los.

Ich muss breit grinsen und stoße einen Laut aus, der als Freudenäußerung zu deuten ist. Jetzt gibt es kein Zurück.

Mein Buch über unsere Beziehung wird veröffentlicht, und ich kann nichts mehr daran ändern, dass ich so schonungslos ehrlich war. Und wisst ihr was? Das möchte ich auch nicht.

*Wie liebst du denn?* handelt davon, dass Harmonie wichtig, aber Streit Teil des Lebens ist. Dass menschliche Beziehungen toll sind, eine gute Beziehung zu sich selbst aber lebensnotwendig ist. Dass Verliebtsein schön, aber Liebe eine Entscheidung ist.

Und ich würde diese Entscheidung immer wieder treffen. Die für die Liebe und die, meine Liebe mit euch zu teilen.

# MARGERITEN SIND MEINE LIEBSTEN BLUMEN

## Der erste Streit

Jeder kennt sie, die rosarote Brille. Und gerade wenn man mit 16 oder 17 Jahren zusammenkommt, ist sie sehr rosa und besonders rot. Es muss noch 2015 gewesen sein, als die Brille uns zum ersten Mal von der Nase gerutscht ist. Wann blühen Margeriten denn? Na ja, egal, dazu später mehr. Wir waren bei Sebastian zu Hause oder besser gesagt im Haus seiner Eltern, in seinem Kinderzimmer.

Der Rückzugsort befand sich im Keller und hatte einen eigenen Zugang, sozusagen eine zweite Haustür. In unserem Alter fast schon so cool, dass man allein aus diesem Grund mit jemandem zusammenbleiben würde.

> »Ich hatte schon immer das Gefühl, das ist der Grund, warum du es so lange mit mir aushältst.« – Sebastian

Natürlich nur ein Scherz, aber ein Plus war es trotzdem. Vor allem, weil man sich nachts reinschleichen konnte, ohne dass die Eltern es bemerkten. Falls ihr das hier zum ersten Mal hört, Sebastians Eltern – Entschuldigung! Und danke für die unwissentliche Gastfreundschaft.

Am besagten Tag der heruntergerutschten Brille lagen wir also auf Sebastians Bett. Es war wieder mit seiner anscheinend liebsten Bettwäsche bezogen. Die, auf der Giraffen und Elefanten vor einem Sonnenuntergang umherlaufen. Nicht meine erste Wahl, aber besser als die mit roten und grünen Linien. Meistens lagen wir in diesem Zimmer auf dem Bett, haben uns stundenlang nur angeschaut, den einen oder anderen Kuss ausgetauscht oder auf meinen Wunsch hin einen Horrorfilm angeschaut. Nicht weil ich die Filme, sondern weil ich Sebastian so toll fand und ihm mithilfe des Gruselfaktors näherkommen konnte: »Oh mein Gott, ich hab ja solche Angst!« Vielleicht kennt das der eine oder die andere?

An dem Tag lagen wir aber einfach nur nebeneinander, schauten an die Decke und hielten Händchen, seine Finger in meine verschränkt, meine Hand unter seiner – so mögen wir es immer noch am liebsten. Es war etwas still, als ich ansprach, dass ich nicht wusste, wie ich nach Hause kommen sollte. Der letzte Zug war schon gefahren und mein Fahrrad hatte ich auch nicht dabei.

Die Dörfer, in denen wir aufwuchsen, waren fünf Kilometer voneinander entfernt, und der »Zug«, er heißt bei uns »Tälesbahn«, fuhr jede Stunde von kleinem Dorf zu noch kleinerem Dorf. Meine letzte Möglichkeit, nach Hause zu kommen, war um 21:04 Uhr gewesen. Irgendwie hatte ich das Gefühl, dass meine Aussage bei Sebastian Unwohlsein auslöste. Dachte er jetzt »Oh Mann, wieso hat sie nicht einfach den letzten Zug genommen?« oder fragte er sich »Wessen Problem ist das gerade?«? Wenn ich so darüber schreibe, kommt mir der Gedanke: **Die rosarote Brille reflektiert nach außen und spiegelt nach innen.** So viel, wie man beim Gegenüber übersieht, so viel und das Doppelte kommt an Unsicherheiten über sich selbst und das eigene Verhalten wieder zurück. Es hat also nicht nur Vorteile, frisch verliebt zu sein, aber dazu kommen wir sicherlich noch in anderen Kapiteln.

An diesem lauen Sommerabend auf dem Bett mit den Giraffen und Elefanten, es war noch leicht hell draußen, brannte mir nicht nur die Frage über das Nachhausekommen auf den Lippen. Wir hatten uns in der letzten Woche zum ersten Mal angezickt, wahrscheinlich über eine banale Sache, die jedoch dringend (!) noch mal beäugt werden musste, vor allem auf der Metaebene. Sebastians liebste Disziplin … Achtung, Ironie.

Aber davon wusste ich damals natürlich noch nichts.

Die zwei Themen kombiniert – nach Hause kommen und über unnötige Zickereien zicken – weckten in mir eine Erwartung, die ich aber nicht aussprach. Warum auch über die eigenen Bedürfnisse sprechen? Wieso sind Menschen oft so kompliziert, wenn die Lösung auf der Hand liegt? Es war die Erwartung, dass Sebastian mich von seinem in mein Dorf bringen sollte – zu Fuß.

Fünf Kilometer zu zweit zu mir und danach die gleiche Strecke allein wieder zurück. Ob ich meinen Vater nicht schon wieder anrufen und fragen wollte, ob er mich abholen könnte, oder ob ich einfach nur Zeit mit Sebastian verbringen wollte, weiß ich nicht mehr so genau. Aber so, wie ich mich kenne, beides.

Tatsächlich musste ich hier mein Gedächtnis noch mal von Sebastian auffrischen lassen, obwohl er sich meistens nicht mal daran erinnern kann, wo er seinen Schlüssel, seinen Geldbeutel und sein Handy schon wieder hingelegt hat.

Aber meine Erinnerung war wie folgt: Die letzte halbe Seite, all diese Gedanken zwischen meiner Aussage und Sebastians Antwort darauf, haben sich angefühlt wie zehn Minuten … In der Wirklichkeit waren jedoch nur 30 Sekunden vergangen, bis Sebastian seinen Kopf drehte und fragte: »Sollen wir zusammen nach Neuffen (besagtes Dorf, in dem ich aufgewachsen bin) laufen? Ich kann dich nach Hause bringen.«

Hatte er meine Gedanken gelesen? Sicherlich nicht, aber manchmal hat man dann eben doch die gleichen Ideen.

Und so haben wir es schließlich auch gemacht, durch seinen Garten, in dem die Sonnenblumen schon zu blühen angefangen hatten und uns in der Höhe fast überragten, am Friedhof und am Pferdehof vorbei, an dem ich nie vorbeigehen kann, ohne mindestens ein Pferd gestreichelt zu haben. Entlang an den Maisfeldern und dem kleinen Spielplatz, der mir als Kind viel größer vorgekommen war und bei dem wir anhielten, um zu rutschen. Und gerade als wir Hummel's Mühle hinter uns gelassen hatten und über die Flussbrücke gelaufen waren, habe ich die Zickerei angesprochen.

Und anscheinend ist in dem Moment auch Sebastian die rosarote Brille von der Nase gerutscht, denn genau zwischen dem Ortsausgangsschild des Dorfes, das zwischen seinem und meinem Heimatort liegt, entstand unser erster Streit. Mit Augenrollen, lauter Stimme, ein paar kullernden Tränen … allem, was dazugehört eben.

Um ehrlich zu sein, weiß ich nicht mehr genau, um was es ging, aber ich weiß noch ganz genau, wie unser erster Streit zu Ende ging – und zwar mit Margeriten.

Sie wuchsen überall am Rand des kleinen Feldweges, an dem wir entlangliefen, neben gelben Butterblumen und weißer Schafgarbe. Unbegreifliche Schönheit, nicht wahrnehmbar für zwei Streithälse, wie wir es in dieser lauen Sommernacht waren. Wir ignorierten die Blumen ganz unabsichtlich, zu vertieft waren wir in alles, was Sebastian ›immer‹ und ich ›nie‹, Sebastian ›nie‹ und ich sowieso ›immer‹ machte.

Alles gesagt und jede mögliche Art, sich zu streiten, ausgelebt, liefen wir ein paar Minuten still nebeneinander. Als ich in Gedanken versunken war, konnte ich den Geruch der Blüten und das Zirpen der Grillen nicht mehr ignorieren. Vielleicht war es diese Schönheit, die dazu führte, dass wir gleichzeitig die Köpfe wieder zueinander drehten. Wir fingen im selben Moment an zu reden. »Wieso ...«, »Oh Mann ...« – »Sag du zuerst«, schlug Sebastian mit einem kleinen Lächeln auf den Lippen vor. Und so folgte auf unseren ersten richtigen Streit auch unsere erste richtige Versöhnung. Der erste Funken Beziehungsarbeit. Damals war uns noch nicht bewusst, wie viel Arbeit eine Beziehung sein kann und wie oft wir noch an unsere Grenzen kommen würden. Aber schon in dieser sanften Dämmerung haben wir gespürt, dass wir bereit dazu sind, die Arbeit zu leisten, die eine Beziehung braucht, und uns immer und immer und immer wieder zu versöhnen.

Die Versöhnung dauerte fast genauso lang wie der Streit selbst. Wir sprachen uns aus, teilten, was wir beim Streiten gefühlt hatten, und sagten, was wir beim nächsten Mal gern anders machen würden. Es war, als wäre ein Schalter umgelegt worden. Auch wenn wir ähnliche Dinge aussprachen – genau das, was vorher Wut, Missverständnis und Trotz ausgelöst hatte, endete nur zehn Minuten später, auf dem gleichen kleinen Feldweg, mit genau den gleichen Menschen, in Wohlwollen. Nicht die Themen, sondern das Ziel und der Gewinn hatten sich verändert. Jetzt stand im Fokus, eine gemeinsame Lösung zu finden, statt seine eigenen Argumente durchboxen zu wollen. **Der Gewinn war, den Weg gemeinsam zu gehen, zueinander gewandt, Hand in Hand.**

Nach einigen Minuten konnte auch ich wieder lächeln, woraufhin Sebastian den einen Meter Sicherheitsabstand oder »Streitabstand« verkürzte, um mir so nah zu kommen, dass er meine Hand nehmen, seine Finger mit meinen verschränken und meinen Handrücken küssen konnte. Dieses Gefühl, die Erleichterung – das Gegenteil von Herz in die Hose rutschen. Das

Gefühl, dass das Herz wieder genau an der richtigen Stelle pocht, im gleichen Takt wie das des*der Partner*in.

Fünf Gehminuten von meinem Haus entfernt, über unseren ersten Streit fast schon wieder hinweg, stoppte Sebastian, pflückte zwei Margeriten und gab mir eine davon. »Schenken wir uns diese Margeriten und versprechen uns, dass wir alles gemeinsam schaffen können, auch sowas Schwieriges wie das gerade.«

Die zwei Blumen habe ich noch Monate danach in einem kleinen Weckglas aufgehoben, und was soll ich sagen – Margeriten sind meine liebsten Blumen.

> »Zwar sind die Blumen lange vergangen, aber wir haben noch immer ein ausgedrucktes Foto davon, das uns an diesen Moment und das Versprechen, das wir uns gegeben haben, erinnert.« – Sebastian

Das war zwar unser erster, aber sicherlich nicht unser letzter Streit. Oft braucht es ein paar Monate, bis die ersten Macken ans Tageslicht kommen. Genau das bedeutet ja die rosarote Brille – man schaut gern über die Unstimmigkeiten hinweg, findet sie vielleicht sogar ganz süß, bis einem nach einer Weile auffällt, dass da vielleicht doch Konfliktpotenzial ist. Und das ist auch überhaupt nicht schlimm. **Streit kann gesund sein, wenn man ihn lösungsorientiert führt.** Und Streiten hört nach meiner Erfahrung auch nicht irgendwann auf, nach dem Motto: Irgendwann müssen doch alle Probleme gelöst und alle Kompromisse gefunden sein.

Manche Macken haben wir akzeptiert und lieben gelernt. Sowas wie, dass Sebastian nach 21 Uhr keine Filme oder Serien mehr schauen kann, ohne dass ihm sofort die Augen zufallen.

Und auch der Fakt, dass ich ihn trotzdem jedes Mal überrede, doch noch einen Film zu starten, obwohl wir beide genau wissen, was passieren wird. Sebastian hat akzeptiert, dass uns »gegenseitig« massieren immer bedeutet, er wird zehn und ich mindestens 30 Minuten massiert. Und dass wir jedes Mal stehen bleiben müssen, wenn ich einer Katze über den Weg laufe, was in Marokko, Indien oder Griechenland wirklich häufig vorkommt.

Es gibt aber auch jetzt noch Eigenschaften der*des anderen, die wir zwar nicht lieben, aber akzeptieren gelernt haben. Zum Beispiel der Fakt, dass ich ein eher nachdenklicher Mensch bin und meine Emotionen auch nach außen trage, etwa, indem ich weine. Ich würde sagen, das kommt mindestens einmal die Woche vor. In guten Wochen. Am Anfang hat Sebastian das total überfordert, denn ihm wurde oft gesagt, dass Weinen etwas Schwaches sei. Und nachdem die rosarote Brille runtergefallen war und ich ein paar Mal geweint hatte, haben wir gemerkt, dass wir da unterschiedlicher Ansicht sind. Er wollte mir am liebsten immer sagen, dass ich aufhören soll, und ich wollte daraufhin am liebsten noch viel mehr weinen.

»Das geht sicher nicht nur mir so. Es ist so schwer, aus diesem ›Sei keine Heulsuse‹, das mir in meiner Kindheit oft von meinen Eltern an den Kopf geworfen wurde, zu einem verständnisvollen Umgang mit dem Weinen zu kommen. Aber mit jedem Mal, das ich Johanna gegenüber Verständnis gezeigt habe, wurde es leichter. Auch weil sie Verständnis für mich gezeigt und nicht vorausgesetzt hat, dass ich mich von einem auf den anderen Tag ändere.« – Sebastian

Jetzt nimmt er mich fast jedes Mal in den Arm, streicht mir über den Kopf und versucht, für mich da zu sein. So wie ich sicherlich nicht liebe, aber akzeptiere, dass Sebastian *hangry* wird, wenn er nicht zeitig isst. Das Wort hangry ist eine Kombination aus *hungry* und *angry*, also »verärgert«. Und diese Attitüde bringt er mir dann auch entgegen. Als wäre ich schuld daran, dass seine letzte vegane Käsestulle eineinhalb Stunden her ist. Da kommt bei jedem Witz, der die Stimmung auflockern soll, ein Augenrollen zurück. Nicht gerade angenehm, aber die Lösung liegt auf der Hand: Gebt dem Mann was zu essen und er ist wieder der Alte. »Du bist nicht du, wenn du hungrig bist«, wie es mal in einem Werbespot für einen bekannten Schokoriegel hieß.

Es gibt natürlich auch Macken, die man für die*den andere*n und vielleicht auch ein bisschen für sich selbst abgelegt hat. Sowas wie, dass ich wirklich keine Meisterin im regelmäßigen Essen und deshalb auch nicht im regelmäßigen Kochen bin. Ich verzettele mich stundenlang in der Arbeit, wusele von einer zur nächsten Aufgabe und würde wahrscheinlich nur morgens und irgendwann abends nach dem Feierabend essen. Wenn Sebastian mittags kocht, esse ich gern mit. Das hat irgendwann natürlich zu einem Ungleichgewicht geführt – er hat sich gedanklich und physisch immer ums Essen gekümmert. Es hat ihn schlicht und ergreifend genervt, und er wollte, dass sich etwas ändert. Also kamen wir zum Entschluss, immer abwechselnd zu kochen. Nachdem wir das monatelang so gemacht hatten, habe ich mich daran gewöhnt, das Essen auch als meine Verantwortung zu sehen, und seitdem funktioniert die Aufgabenteilung (in den meisten Fällen) super. Sebastian hat zum Vorteil von uns beiden gelernt, besser mit seiner *FOMO* umzugehen, also seiner »Fear of missing out«, der ständigen Angst, etwas zu verpassen, was in der Konsequenz bedeutet, zu denken, auf allen Partys gleichzeitig tanzen zu müssen. Da kam es schon mal vor, dass man sich verabredet hat, zu zweit einen Vino zu trinken und über das Leben zu philosophieren, und er mit den Gedanken bei den Kumpels war, die gerade *FIFA* spielend im Keller eines

Freundes hockten. Unruhig, schon fast mit dem Fuß wippend, saß er mir bei sternenklarem Himmel gegenüber. Nicht gerade förderlich für Gespräche über Gott und die Welt, wenn das Gegenüber mit dem Kopf schon längst in die Welt des Zockens abgedriftet ist. Oder zumindest in die Welt, in der er gerade etwas ganz Tolles verpasst, weil er nicht »da«, sondern »hier« ist. Irgendwann, vielleicht war es auch genau an diesem Abend unter freiem Himmel, haben wir dann aber die Chance genutzt und Sebastians FOMO wurde das »Gott und die Welt«-Thema. Wie er sich damit fühlt, wie es mir dabei geht und wie er für sich eine Lösung finden kann. Offen, ehrlich, roh. Mein Vino-Abend war gerettet.

Neben geliebten, akzeptierten und abgelegten Eigenarten gibt es auch noch solche, über die wir immer noch hin und wieder diskutieren. Zum Beispiel meine Kunst, immer genau zehn Minuten nach der von uns verabredeten Zeit, um *egal wohin* aufzubrechen, noch »schnell« aufs Klo zu gehen, meinen Lippenstift aufzufrischen oder die Pflanzen zu gießen.

Pünktlichkeit ist Sebastian wichtig und damit hab ich es leider nicht so. Aber ich bemühe mich (versprochen). Nicht so sehr mit Pünktlichkeit hat es Sebastian aber dafür, wenn wir zusammen feiern gehen. Egal wann er am nächsten Tag raus muss, ein Tequila Shot passt immer noch rein, und wer zu zwei Stunden länger tanzen nicht Ja sagt, hat das Leben nicht verstanden. Meistens wird ihm erst am nächsten Tag klar, dass ich Recht hatte. Aber da liegt die Diskussion ja schon in der Vergangenheit.

Und dann, wenn wir uns jetzt streiten und gerade mal keine Margeriten zur Hand haben, haben wir nur zwei Abmachungen.

Erstens: keine Kraftausdrücke. Punkt.

Zweitens: kein »aber« nach der Entschuldigung. Es ist wissenschaftlich bewiesen, dass im Rahmen menschlicher Begegnungen alles, was vor dem Wort »aber« kommt, für uns nicht mehr so relevant ist, wie das, was unser Gegenüber nach diesem kleinen Wort von sich gibt. Den Grund habe ich erst Anfang 2023 von einer Psychologiestudentin in meinen TikTok-Kommentaren erfahren … Wir wenden diese Regel schon seit Jahren an.

Kein »Es tut mir leid, aber du hast xy gemacht, und dadurch hab ich mich angegriffen gefühlt, nur deshalb hab ich dann dieses und jenes gemacht«.

Warum? Weil wir gemerkt haben, dass die Entschuldigung erstens besser vom Gegenüber aufgenommen wird, wenn man sich nicht direkt rechtfertigt und mit Gegenanschuldigungen um sich wirft, und dass sie dann zweitens auch von demjenigen, der sich entschuldigt, wirklich von Herzen kommt. Zu einem Streit gehören immer zwei, das ist klar. Aber um sich für sein eigenes Verhalten zu entschuldigen, braucht es keine Rechtfertigung. Ein einfaches »Es tut mir leid« reicht.

Das, was man mit allem nach dem »aber« meistens erreichen will, ist, nicht allein schuld an der Situation zu sein und eine Entschuldigung von der Beziehungsperson zurückzubekommen.

Nach jahrelanger Streiterfahrung kann ich euch hier und jetzt aber offenbaren: Das Gegenüber entschuldigt sich meistens ganz von allein, sobald die eigene Entschuldigung ehrlich gemeint ist und von Herzen kommt. Denn genau diese rohe, ehrliche Entschuldigung mit einem Punkt fungiert als Spiegel für das eigene Verhalten – im Gegensatz zu den Anschuldigungen, die eher weiteren Diskussionsspielraum bieten und von der eigentlichen Entschuldigung ablenken. Uns hat das schon Millionen Mal die Zeit bis zur Versöhnung verkürzt.

»Für mich war es ein absoluter *Mind Blow*, als ich irgendwann damit angefangen habe, die Inhalte, die vor und nach dem ›aber‹ stehen, zu vertauschen. Also statt die Rechtfertigung hinter das ›Tut mir leid‹ zu setzen, zuerst darüber zu sprechen, wie man fühlt und warum man so fühlt, um sich dann zu entschuldigen. So kann man seine Gefühle vermitteln und trotzdem auf die*den andere*n zugehen.« – Sebastian

Aber jetzt haben wir das Feld von hinten aufgerollt, lasst uns doch erst mal über Streit sprechen. Was ist Streit überhaupt und ist er wirklich so schlecht für eine Beziehung?

Jede Person definiert Streit anders. Viele Menschen sehen Streit erst als Streit an, wenn man sich anschreit und Türen knallt. Für andere reicht eine kleine Zickerei am Morgen, bevor man zur Arbeit fährt.

Für mich ist Streit der Übergang von *Connection*, also Verbundenheit, zu *Disconnection*, also dem Fehlen dieser Verbundenheit.

**Nach meiner Definition befinden Menschen sich in einer Beziehung also immer in drei verschiedenen Stadien: Connection, Disconnection und *Reconnection*.** Letzteres wäre dann die Versöhnung und das Wiederzueinanderfinden.

Was genau das Fehlen von Verbundenheit auslöst, ist total unterschiedlich. Ich kenne Paare aus meinem Umfeld, die regelmäßig kleine Zickereien haben, aber dadurch ihre Verbundenheit nicht verlieren. Nach dem kleinen »Streit«, nach der Auseinandersetzung knüpfen sie direkt wieder da an, als die Auseinandersetzung noch gar nicht im Raum gestanden hat. Sehr beeindruckend und für sie wahrscheinlich eine Kleinigkeit, maximal eine Diskussion.

Bei uns ist das anders. Sebastian und ich haben ein sehr hohes Maß an Verbundenheit und ein starkes Bedürfnis nach Harmonie, machen unglaublich viel zusammen und zicken uns ehrlich gesagt nicht so häufig an. Wenn es dann doch passiert und sich eventuell sogar häuft, führt das bei uns auch zu einer Unterbrechung der Verbundenheit. Deshalb definiere ich Auseinandersetzungen im Alltag öfter als Streit als andere. Dazu muss man sagen, dass ich allgemein, wie oben schon erwähnt, kein Mensch der wenigen Gefühle bin. Da kommt es auch vor, dass ich bei Diskussionen, die sich gar nicht um unsere Beziehung, sondern um ein politisches Thema drehen, anfange, zu weinen, was die Sachlichkeit ganz schön schnell aus dem Raum katapultiert. Das Bedürfnis nach Harmonie führt aber lange schon nicht mehr dazu, dass wir erst gar nicht äußern, was uns stört. Die starke Verbundenheit führt bloß meistens dazu, dass es nicht mehr in einer Zickerei endet, zu sagen, was uns stört. Ich hoffe, du verstehst, was ich meine.

Eine Sache ist besonders wichtig: wie schnell man wieder zur Verbundenheit kommt und welche Methoden man dafür entwickelt. Am Anfang einer Beziehung dauert diese Phase vielleicht länger. Man hat noch nicht herausgefunden, wie die*der andere kommuniziert, und war noch nie auf der Metaebene, um das gemeinsame Streitverhalten zu analysieren. Oder man hat schlicht und ergreifend größere Themen und muss Kompromisse finden.

Vielleicht ist es aber auch umgekehrt, sodass man am Anfang schneller zur Verbundenheit kommt, weil eine Person in der Beziehung noch nicht ganz ehrlich zu sich und ihren Werten ist und sich deshalb schneller entschuldigt und der Harmonie wegen alles auf sich nimmt. **Oft ist es leider so, dass Paare, die nicht streiten, mindestens einen *People Pleaser* in der Beziehung haben.** Jemanden, der nicht anecken will und für das Wohl der*des anderen und das Umgehen der unangenehmen Situation die eigenen Bedürfnisse und Wünsche ständig hintenanstellt. Das macht auf Dauer natürlich unglücklich, denn wenn man nicht offen und ehrlich über Probleme diskutiert, finden sich auch keine Lösungen.

Egal wie: Die Phase zwischen Verbundenheit und Nichtverbundenheit schnell, aber mit Ehrlichkeit sich selbst gegenüber zu überwinden, ist eine große Aufgabe. Und eine, die jede Person wahrscheinlich erst mal anders löst. In einer Beziehung gibt es also meistens mehrere Ansätze, weil eben mehrere Personen involviert sind – logisch, oder? Und so auch bei uns.

Ich würde am liebsten nie aufhören, zu diskutieren, bis beide einsehen, was sie falsch gemacht haben, sich in den Arm nehmen und fürs nächste Mal daraus gelernt haben.

Sebastian ist da anders. Er braucht Abstand, um sich über seine Gefühle im Klaren zu werden, sich selbst zu reflektieren und zu einer ehrlichen, authentischen und lösungsorientierten Entschuldigung zu kommen.

Früher musste er sich diesen Abstand erkämpfen und hat ihn auch nicht adäquat angekündigt. Er ist aus dem Zimmer gestürmt und hat die Tür geknallt, nur dass ich dann hinter ihm hergestampft bin und ihm weiter meine Argumente und Lösungsansätze an den Kopf geworfen habe.

Ich glaube, vieles an dieser unterschiedlichen Kommunikationsweise liegt in unseren Bindungsstilen begründet. Kurz gesagt, wenn Sebastian im Streit ohne Vorwarnung vor mir wegrennt, habe ich das Gefühl, dass er nie wieder zurückkommt (Verlustangst). Wenn ich ihm hinterherrenne und ihm seinen Platz nicht gebe, hat er wiederum das Gefühl, eingeengt zu werden, und daraufhin das Bedürfnis, sich noch weiter von mir zu entfernen. Eine ganz schöne Zwickmühle, oder?

Nach jahrelanger Arbeit, offener und brutal ehrlicher Kommunikation haben wir eine Lösung gefunden, die eigentlich auf der Hand liegt, in der Umsetzung aber natürlich ein paar Anläufe braucht. Er sagt mir, dass er Abstand braucht, und ich verstehe, dass uns dieser Abstand schneller und näher zu einer nachhaltigen Lösung führen wird.

Denn darum geht es beim Streiten. Nicht ums Gewinnen, darum, Recht zu behalten oder das Ego zu füttern. **Es geht darum, gemeinsam Lösungen zu finden, die nachhaltig das Streitverhalten und das Beziehungsleben verbessern.**

Und um ehrlich zu sein, heute tut auch mir der Abstand gut. Durchzuatmen, sich auf seine Wünsche, aber auch seine gerade gemachten Fehler zu besinnen und vom Ego, das einfach nur die Diskussion »gewinnen« will, zur liebevollen Beziehungsperson zurückzukehren, um der*dem anderen dann die Entschuldigung ohne »aber«, aber mit der metaphorischen Margerite zu überreichen.

Und wie findet man nun Lösungen? Das Beziehungszauberwort ist gefragt: Kompromisse!

Genau, dieses kleine Wort, das so viel bewirken kann, aber auch manchmal so schwierig umzusetzen ist. Kompromisse finden, sich also in der Mitte treffen. Eine Lösung, bei der sich beide wohl fühlen und keiner zu 100, sondern beide so Pi mal Daumen zu 50 Prozent ihren Wünschen nahekommen, dafür aber auch zu 50 Prozent auf ihren Willen verzichten müssen oder im besten Fall wollen, damit beide Parteien happy sind.

»*Halfway happy*, wie es in Stranger Things heißt.« – Sebastian

Wenn man das Beispiel mit den Tequila Shots heranzieht und der Frage, wie lange man noch auf einer Party bleibt, finden Sebastian und ich meistens einen Kompromiss. Wenn er um vier und ich um zwei Uhr gehen will, wird es meistens ungefähr drei. Klingt einfach, oder?

Der Kompromiss ist aber natürlich nicht bei jedem Thema so eindeutig zu finden. Gerade wenn es um emotional beladene und subjektive Situationen geht. Situationen, die der eine so und die andere so wahrgenommen hat. Hier kommt jetzt etwas zur Sprache, was manchen immer, aber den meisten vor allem im Streit schwerfällt: **zuhören und verstehen *wollen*.**

Man kennt das: Man ist mitten in einem Streitgespräch, es brodelt in einem, der Bauch fühlt sich an, als würden die Organe eine ganz neue Anordnung einnehmen wollen, und man kann kaum noch still sitzen. Man fühlt sich unverstanden, ist sauer auf das Gegenüber und möchte »einfach nur« den eigenen Standpunkt rüberbringen. Ja, blöd gelaufen, denn so geht es zu einer sehr hohen Wahrscheinlichkeit gerade beiden am Tisch. Also sitzen sich zwei Menschen gegenüber, die eigentlich gerade an nichts anderes als an ihre *eigenen* Emotionen und ihren *eigenen* Standpunkt denken können und deshalb kaum zuhören, was der*die andere gerade mitbringt, sondern nur darauf warten, bis endlich wieder sie sprechen und sich mitteilen können. Erwischt?

Ende vom Lied: Vor lauter sich selbst ausdrücken vergisst man, zuzuhören und zu verstehen. Und im schlimmsten Fall spricht man komplett aneinander vorbei. Aber in *jedem* dieser Fälle ist es nahezu unmöglich, einen Kompromiss zu finden. Wie auch, wenn man nicht mal genau weiß, wieso die*der andere überhaupt so einen Hermann macht und einem nicht einfach zustimmt?

Gut daran: Es geht beiden so. Beide wollen verstanden werden, also lautet die einfachste Lösung: in der Zukunft zuhören und verstehen wollen. Und wenn beide das machen, kommen auch beide dazu, sich auszudrücken, ohne zu ignorieren, was die*der andere sagen will. Win-win-Situation.

Also durchatmen, sich merken, was man sagen wollte, und auf das gerade Gesagte eingehen. So erschafft man eine Atmosphäre, in der man sich und dem*der anderen das Gefühl gibt, gehört zu werden, was wiederum dazu führt, dass man sich selbst

Gehör verschafft. Und nur dann kann man einen Mittelweg finden. Geht übrigens viel einfacher, wenn man versteht, woher beide Personen kommen und was deren jeweilige Bedürfnisse sind.

Ein sehr beliebter Spruch, der vor allem von vermeintlich reflektierten Personen kommt, in vielen Teilen wahr und in manchen aber auch sehr kritisch ist, lautet: »Deine Gefühle, deine Verantwortung«. Irgendwie schon, aber in einer Beziehung auch teilweise schwierig. Beide sind erwachsen, und die eigenen Gefühle in der eigenen Verantwortung zu sehen, ist wichtig. Aber genauso auch, Verantwortung für sein Handeln zu übernehmen.

Wenn also eine Handlung ein Gefühl ausgelöst hat, auch wenn dahinter nicht die Intention »Verletzung« stand, kann man trotzdem auf die Verletzung eingehen. Nicht weil man denkt, man ist schuld an den Emotionen der*des anderen. Sondern weil man die*den andere*n liebt, weil man mit Wohlwollen versucht, sich gegenseitig so glücklich wie möglich zu machen.

Also kann man, trotz der fehlenden Intention, herausfinden, was die*den andere*n so hat fühlen lassen, und zusammen schauen, was man beim nächsten Mal anders machen könnte, um diese Gefühle zu verhindern. Klarzustellen, dass man niemanden verletzen wollte und dass das berücksichtigt werden sollte, ist genauso wichtig, wie die Bedürfnisse des Gegenübers wahr- und vor allem ernst zu nehmen!

In einem Gespräch »Ich wollte dich ja nicht verletzen, also musst du selbst damit klarkommen« zu äußern, ist weder feinfühlig noch förderlich, um eine Lösung zu finden. Wobei man hier auch als verletzte Person immer selbstreflektiert bleiben und respektvoll kommunizieren sollte. Am besten sind hier Ich-Botschaften ohne große Anschuldigungen. Na klar, was wäre ein Kapitel über Streit ohne die tollen Ich-Botschaften? Hier mal ein paar Beispiele:

»*Ich* fühle mich im Haushalt alleingelassen und bin deshalb überfordert.«

statt

»*Du* hilfst mir nie im Haushalt.«

»Wenn *ich* mit meinen Freund*innen unterwegs bin, habe ich das Gefühl, mich andauernd bei dir melden zu müssen, und bekomme schnell ein schlechtes Gewissen, obwohl ich gerade eine gute Zeit habe.«

statt

»*Du* machst mir ein schlechtes Gewissen und gönnst mir nicht, Spaß mit meinen Freund*innen zu haben.«

»*Ich* fühle mich gerade total traurig und mich mit unserem Streitthema alleingelassen.«

statt

»*Du* gehst nie darauf ein, wenn ich weine, dir ist es bestimmt egal, wie ich mich fühle.«

Die ersten Sätze sind keine direkten Angriffe, und dagegen kann auch erst mal niemand etwas sagen, denn Gefühle wurden halt gefühlt, egal ob die*der andere wirklich weniger im Haushalt macht, dem*der Partner*in tatsächlich ein schlechtes Gewissen einredet oder faktisch nie zum Trösten bereit ist. Die Sätze lassen Platz für ein offenes Gespräch, in dem beide ihre Gefühle äußern und sich gegenseitig darin ernst nehmen können. (War gerade übrigens auch für mich eine gute Übung, diese Ich-Botschaften niederzuschreiben, denn nein, auch ich rede nicht nur in Ich-Botschaften.)

Trotzdem kann es auch mit der vermeintlich perfekten Kommunikationsstrategie manchmal zu Missverständnissen kommen. Und genau für solche Situationen ist es sehr empfehlenswert, sich das Vier-Ohren-Modell von Schulz von Thun anzuschauen. Vielleicht halten sich jetzt einige schon die Ohren zu – haha –, aber es ist auf jeden Fall eine Bereicherung in jeder Beziehung.[1]

Das Vier-Ohren-Modell ist ein Kommunikationsmodell und beschreibt den Unterschied zwischen dem, was man als »Sender*in« mit einer Botschaft aussagen will, und dem, was der*die »Empfänger*in« dieser Botschaft hört beziehungsweise in die Nachricht hineininterpretiert. Einfach gesagt: **Das, was wir aussenden, ist nicht immer das, was beim Gegenüber ankommt.**

Es gibt nach Schulz von Thun vier verschiedene Ebenen, auf denen man eine Botschaft verstehen kann. Die Sachebene, die Appellebene, die Selbstoffenbarungsebene und die Beziehungsebene.

Sachebene: eine faktische Information. Beispiel: »Die Ampel ist rot.«

Appellebene: eine Aufforderung, der jemand nachkommen soll. »Die Ampel ist rot, bleib stehen.«

Selbstoffenbarungsebene: was ich durch meine Aussage von mir preisgebe. »Die Ampel ist rot, ich habe Angst, dass du nicht stehen bleibst, und möchte die Situation unter Kontrolle bekommen.«

Beziehungsebene: eine Aussage, die preisgibt, was ich von meinem Gegenüber halte und wie ich zu der Person stehe. »Die Ampel ist rot, ich empfinde dich als schlechte*n Autofahrer*in und traue dir nicht zu, die Situation selbst einzuschätzen.«

Jetzt ist es aber in den meisten Situationen, in denen man jemandem sagt, dass die Ampel rot ist, nicht so, dass man dazu noch erklärt, wieso man das gerade sagt. Und genau deshalb kommt es oft zu Missverständnissen zwischen Sender*in und Empfänger*in oder, anders gesagt, zwischen Beziehungspartner*innen. Und was entsteht aus Missverständnissen oft? Genau: Streit.

Übertragen lässt sich das Vier-Ohren-Modell eigentlich auf jede zwischenmenschliche Kommunikation. Denn es gibt meistens Sender*in und Empfänger*in, genauso wie eine zu übermittelnde Botschaft.

Vor Kurzem wollten Sebastian und ich eine Bahn erwischen. Wir sind zwar gerannt, haben sie aber leider ganz knapp verpasst. Sie ist uns vor der Nase weggefahren. Eine direkte Bahn fuhr nicht mehr, also war die einzige Option, eine zu nehmen, bei der wir einmal umsteigen mussten. Sebastian war kurz angefressen und enttäuscht, wobei ich mir eher dachte: *Ist doch nicht so schlimm, wir werden fast zur gleichen Uhrzeit ankommen.* Sebastian hat weiterhin nach einer besseren Verbindung gesucht, woraufhin ich meine Gedanken aussprach: »Ist doch nicht schlimm, wir müssen doch nur einmal umsteigen.« Ich habe diese Aussage sachlich gemeint, wollte noch mal klarstellen, dass es ja nur ein Umstieg ist. Sebastian hat meine Botschaft jedoch auf der Beziehungsebene gehört, so in der Richtung: »Ist doch nicht so schlimm, wir müssen doch nur einmal umsteigen, was regst du dich schon wieder so auf?« Er hat sich angegriffen gefühlt, obwohl es kein persönlicher Angriff sein sollte. Meine Botschaft ist bei ihm anders angekommen, als ich sie aussenden wollte. Daraufhin habe ich mich angegriffen gefühlt, weil meine Intention so falsch verstanden wurde und zack – Missverständnis und Diskussion am Bahngleis.

Wenn man von diesen unterschiedlichen Ebenen weiß, lassen sich derlei Reibereien natürlich eher vermeiden oder im Zweifelsfall besser aufklären. Man kann dann schneller identifizieren, woher gerade das Missverständnis kommt, und die Intention hinter der Aussage besser ausdrücken.

Zwei weitere Kommunikationsbeispiele:

A: »Was machst du heute?«

B: »Ich bin mal wieder allein zu Hause …«

Gemeint als Selbstoffenbarung: »Ich kann nicht gut allein sein.«

A: »Ich hab halt heute keine Zeit, wieso musst du mir ein schlechtes Gewissen machen, du weißt doch, ich bin mit Freund*innen unterwegs.«

Gehört auf Appell- und Beziehungsebene: »Ich bin allein, also musst du mir Gesellschaft leisten, und ich finde es nicht gut, dass du etwas mit deinen Freund*innen unternimmst, dadurch vernachlässigst du mich.«

A: »Ich bin heute total müde und fühle mich leer.«

Gemeint auf Sach- und Selbstoffenbarungsebene.

B geht in ein anderes Zimmer und fühlt sich abgelehnt.

Gehört auf Beziehungsebene: »Ich bin müde und leer, also empfinde ich Langeweile, wenn wir zusammen Zeit verbringen, und eine ›Leere‹ statt ›Liebe‹«.

**Das nächste Mal, wenn es am Bahngleis, im WhatsApp-Chat oder beim Mittagsessen zu einem Missverständnis kommt, denkt an das Vier-Ohren-Modell.**

Was bei dieser Theorie und allgemein bei Kommunikation und deshalb auch vor, während und nach einem Streit unglaublich wichtig ist, ist zu berücksichtigen, dass es nicht nur verbale, sondern auch nonverbale Kommunikation gibt. Oder, wie es der berühmte Kommunikationswissenschaftler Paul Watzlawick gesagt hat: »Man kann nicht nicht kommunizieren.«[2]

Der Psychologe Albert Mehrabian hat schon in den späten 1960er-Jahren Experimente zu »Silent Messages« durchgeführt, die davon handelten, wie viel Bedeutung der Tonfall und die Mimik für eine Aussage haben. Das berühmte Ergebnis? »Total Liking = 7 % Verbal Liking + 38 % Vocal Liking + 55 % Facial Liking.« Also nur sieben Prozent der Wirkung kam aus den Worten selbst, 38 Prozent aus der Stimme und 55 Prozent aus der Körpersprache. Das Experiment bezog sich allein auf die Vermittlung von Gefühlen und Einstellungen und lässt sich nicht lupenrein auf alles übertragen und verallgemeinern, aber es zeigt eben: Auch wenn man kein Wort sagt, sagt man mit seiner Körpersprache immer irgendetwas.[3]

Und wir alle kennen den kleinen, aber feinen Unterschied zwischen den verschiedenen Arten der Antwort »Es ist nichts« auf die Frage »Ist alles okay?«.

»Es ist nichts«, liebevoll und sanft ausgesprochen, ein leichtes Lächeln im Gesicht, zugewandter Körper, eine Hand legt sich sanft auf das Knie der fragenden Person.

»Es ist nichts«, genervter Ton, gerunzelte Stirn, den Körper abgewandt, die Arme verschränkt, ein kleines Augenrollen dazu.

»Es ist nichts«, Unsicherheit in der Stimme, ein leichtes Kopfschütteln, hibbelige Beine, Blick auf den Boden, vielleicht ein leicht gezwungenes Lächeln auf den Lippen.

Na? Wer hat die Sätze auch im Kopf unterschiedlich ausgesprochen und sich sofort reinfühlen können? Und bei welcher Aussage ist jetzt *wirklich* nichts los? Ich glaube, wir wissen es alle, und das, obwohl in allen Situationen die gleichen Worte genutzt werden. **Die gleichen Worte können unterschiedliche Dinge aussagen.** Und das natürlich nicht nur bei der Frage »Ist alles okay?«, sondern in jeder Situation und bei jedem Gespräch.

Ein »Ist doch nicht so schlimm, wir müssen doch nur einmal umsteigen« kann sicherlich auch auf der Beziehungsebene gemeint sein und bewusst so ausgedrückt werden, wenn man einen angepissten Ton und ein kleines Augenrollen hinzufügt. Dann wäre die Situation zwischen Sebastian und mir zwar trotzdem im Streit, aber nicht in einem Missverständnis geendet.

Nach all diesen Seiten über Streit lautet die Frage: Kann man alle meine Tipps anwenden, und, wenn ja, hat man dann nie wieder Streit? Liegt hier die Lösung für ALLE Probleme?

Wenn zwei Personen mit zwei verschiedenen Wahrnehmungen, zwei komplett unterschiedlichen Elternhäusern, zwei Arten, Zeit zu managen, zwei verschiedenen Stressresilienzen, Bindungstypen oder Jobsituationen aufeinandertreffen, sind Missverständnisse, Zickereien, Diskussionen und der eine oder andere Streit nicht weit. Man wird sich mit der Zeit aufeinander eingrooven, die richtigen Kompromisse finden, wenn welche gefunden werden können, und Missverständnisse aus dem Weg räumen. Wege finden, schneller aus der Disconnection in die Connection zu kommen, und auf dem Weg dahin etwas dazulernen.

Um das Kapitel so authentisch abzuschließen, wie es angefangen hat, und auch irgendwie die Frage zu beantworten, ob man, wenn man alles aus diesem Kapitel weiß, nie wieder streitet, hier der Abschluss: Als ich Sebastian dieses Kapitel zum ersten Mal vorgelesen habe, hat es keine Viertelseite bis zur ersten Diskussion gedauert. Die Safaribettwäsche? Gab es nicht. Und die mit den grünen und roten Linien schon gar nicht. So stur, wie wir sind, haben wir darüber ganze zehn Minuten diskutiert. So ganz nach dem Motto »Folge deinen eigenen Ratschlägen und bleib lösungsorientiert« – wen juckt es, wie diese Bettwäschen aussahen?

Uns. Und ich hab übrigens Recht behalten.

# WIE LIEBST DU DENN?

## Über die fünf Sprachen der Liebe …

Vor Kurzem kam mir ein sehr einprägsamer Moment wieder ins Gedächtnis. Ein Sonnenuntergang auf der Dachterrasse eines Hostels in Chefchaouen. Es war im Spätsommer 2019, als Sebastian und ich nach längerer Durststrecke wieder mit dem Backpack unterwegs waren. Nach unserer Südostasienreise 2017/2018 hatte es uns schon Monate zuvor unter den Nägeln gebrannt. Zwei T-Shirts, zwei Pullis, eine kurze, eine lange Hose und die Zahnbürsten im Gepäck – dem Alltag entfliehen eben.

Es ging auf einen von uns noch nicht bereisten Kontinent – Afrika. Genauer gesagt nach Marokko. Zur Packliste gehörte ehrlicherweise noch das eine oder andere Utensil mehr. So ein Rucksack lässt sich ganz schön vollstopfen. Also kamen neben Kleidern, schon längst ausgelatschten Sandalen und der geliebten Sonnenbrille auch Bücher mit nach Übersee. Eins davon war *Die 5 Sprachen der Liebe* des Anthropologen Gary Chapman.[4] Ich hatte schon in Deutschland angefangen, das Buch zu verschlingen, es aber auf der einmonatigen Reise durch Marokko kaum aus der Hand legen können.

Im September 2019 ging es also wieder los – Reisen, Freiheit, unbekannte Luft schnuppern. Wir waren in Agadir gelandet und direkt begeistert und eingenommen von der Schönheit dieses

Landes. Der Geruch der typischen Gewürze wie Kreuzkümmel und Pfeffer auf den Märkten. Die warme Sonne auf unserer Haut, die in null Komma nichts unsere Sommersprossen zum Vorschein brachte. Die langen Busfahrten an der Küste mit Blick auf das endlose Meer und die eine oder andere glasklare türkisblaue Bucht auf der einen und die Ziegenherden neben, auf und in den trockenen Arganbäumen auf der anderen Seite. (Ja, sie klettern auf die Bäume, ein lustiger Anblick.)

So reisten wir also von Stadt zu Stadt, über Essaouira, Fes, Marrakesch und ganz zum Schluss in die blaue Stadt Chefchaouen. Immer im Gepäck, aber meistens in meinen Händen: *Die 5 Sprachen der Liebe.*

Ich bin, um ehrlich zu sein, keine Frau der wenigen Worte oder eine, die etwas, was sie begeistert, lange für sich behalten kann. Also habe ich nicht erst in Chefchaouen auch Sebastian an meiner Begeisterung über diese Liebestheorie teilhaben lassen und ihm immer wieder Ausschnitte vorgelesen.

Ich weiß noch, dass er anfangs nicht so einfach zu überzeugen war. Wie die meisten hat er gesagt, dass doch alle diese Arten, Liebe zu zeigen und zu empfangen, wunderschön seien. Wieso also auf eine oder zwei begrenzen? Aber darum ging es mir natürlich nicht. Ich glaube, das Kapitel, das mir am meisten im Kopf nachgehallt ist, war das, in dem ein Paar nach jahrelangen Eheproblemen durch die Beachtung der Sprachen der Liebe wieder zueinander gefunden hat. Das hat mich sehr an meine Eltern erinnert, die leider den zweiten Schritt nicht geschafft, aber auf jeden Fall 20 Jahre total aneinander vorbeigeliebt haben. Dazu später mehr.

Sebastian saß oben auf der Dachterrasse, ich weiß es noch, als wäre es gestern gewesen. Chefchaouen ist eine kleine, aber mittlerweile touristische Stadt, die im ersten Moment ein wenig an

Santorini erinnert, bloß liegt es in den Bergen, nicht am Meer, und die Häuser sind nicht weiß, sondern blau. Wenn ich so darüber nachdenke, hat es eigentlich doch relativ wenig mit Santorini zu tun, wunderschön ist es trotzdem. Die Monochromie der Häuser lässt jeden Platz *instagrammable* und jeden Sonnenuntergang malerisch aussehen. Von unserer Dachterrasse aus konnte man eine kleine Kapelle oben am Berg sehen, zu der das halbe Dorf wanderte, sobald die *Golden Hour* losging. Darunter auch oft wir. Schaute man von dort aus in Richtung Westen, sah man die orangene Sonne hinter dem Rif-Gebirge untergehen, und drehte man sich Richtung Osten, wurden die kargen Berge von goldenem Licht angestrahlt.

An diesem Abend, zwei Tage vor unserer Abreise, waren wir nicht auf dem Weg zur Kapelle, sondern blieben in unserem Hostel, das einen mindestens genauso schönen Ausblick auf die blauen Dächer und die in Braun und Grün getunkte Landschaft bot. Nicht von unserem kleinen Hostelzimmer mit geteiltem Bad aus, aber von der Dachterrasse aus, die alle Gäste nutzen durften.

Sebastian hatte sich schon für eine Runde Yoga nach oben begeben. Ich kam dazu, um die letzten Sonnenstrahlen des Tages zu genießen, und hatte meine Ausgabe von *Die 5 Sprachen der Liebe* auch jetzt dabei. Die letzten paar Seiten lagen vor mir, und auch wenn ich traurig darüber war, dass das Buch zu Ende ging, hatte ich mich auf eine Sache besonders gefreut. Den Test, der auf mich und vielleicht auch auf Sebastian am Ende des Buches wartete. Denn ein bisschen war ich auch deshalb auf die Terrasse gekommen. Ich wusste, dass Sebastian eventuell mit diesem Test von meiner neuen Lieblingstheorie überzeugt werden könnte. Dieser bestand aus Szenarien, die einen zwischen verschiedenen Formen der Liebe in bestimmten Momenten entscheiden ließen. Nach dem Motto: »Würdest du auf einem Spaziergang lieber die Hand deines*deiner Partner*in halten oder gesagt bekommen, dass er*sie dich liebt?« So eine Entscheidung fällt natürlich niemandem leicht, aber gerade die zeigt am Ende, welche primäre Sprache der Liebe man denn jetzt genau spricht. Die Frage lautete also: Welche dieser zwei Szenarien würde mich mit mehr Liebe zurücklassen?

Ich setzte mich auf einen der zwei weißen, klapprigen Plastikstühle auf dem Dach, neben mir Sebastian auf der Yogamatte, der beim Quietschen des Stuhls durch das Zurückziehen auf den Fliesen schon schief zu mir rüberguckte. Würde mein Plan aufgehen?

Zuerst machte ich den Test selbst, geriet ganz schön ins Grübeln hier und da, war mir aber schon beim Lesen des gesamten Buches relativ sicher, welche Sprachen der Liebe ich spreche und welche ich am liebsten empfange, denn im Optimalfall erkennt man das natürlich an seinen alltäglichen Handlungen und Bedürfnissen. Durch das Buch unterteilte ich diese Handlungen, entweder in die eine oder in die andere Sprache. Wo ich zuvor »einfach« geliebt hatte, dachte ich jetzt: *Ah, so liebe ich also.*

Nach einer Viertelstunde beobachtete ich, wie Sebastian im Schneidersitz, die goldene Sonne im Gesicht und die Hände zu einem »Namaste« vor seiner Brust gefaltet, dasaß. Mir huschte ein kleines Lächeln über die Lippen. Was für ein Glück ich hatte, hier in dieser wunderschönen Stadt mit diesem tollen Mann zu sein.

Ein paar Momente später setzte er sich neben mich und jetzt lächelten wir beide. Ob er wohl das Gleiche gedacht hat in diesem Moment?

»Oh ja, gerade auf unseren Reisen wird mir sehr bewusst, was für ein Glück ich mit dir habe!« – Sebastian

Ganz aufgeregt stellte ich ihm also die Frage, die mir auf der Zunge lag und deretwegen ich eigentlich überhaupt auf die Terrasse gekommen war: »Wie liebst du eigentlich?«

»Wie meinst du das?«, fragte Sebastian.

»Du weißt doch, ich hab das Buch gelesen, und am Ende gibt es einen Test, mit dem man herausfinden kann, welche Sprache der Liebe man vor allem spricht. Magst du den mit mir machen?«

Sebastian lässt sich in den meisten Fällen sehr viel mehr Zeit, um zu antworten, als ich. Also blickte er erst mal über das Geländer der Terrasse, drehte sich dann wieder um und sagte ganz selbstverständlich: »Wieso eigentlich nicht?«

Es konnte also losgehen, eine Frage nach der anderen, genau dieselben, die ich mir vor zehn Minuten selbst gestellt hatte. Ich überließ das Buch nicht ihm, sondern las die Szenarien laut vor. Und auch hier nahm er sich wieder deutlich mehr Zeit, um die verschiedenen Situationen einzeln zu beurteilen. Er ist eben der Analytische von uns beiden. Ehrlicherweise musste ich mir bei manchen Antworten einen stirnrunzelnden Gesichtsausdruck verkneifen, denn die Frage »Wie liebst du denn?« hallte teilweise jetzt etwas anders als zuvor in meinem Kopf nach. Eher wie ein »Häääă, wie liebst du denn?!«. Aber um dich zu beruhigen, es gibt natürlich nicht DIE richtige Art zu lieben. **Nur denkt man als Partner*in vielleicht, man wüsste, welche »Sprache der Liebe« das Gegenüber spricht, und ist dann ganz überrascht, wenn man offensichtlich völlig falschlag.**

Als der Test zu Ende war, rechnete ich Sebastians Punkte zusammen und nannte ihm sein Ergebnis. »Bei dir sind vor allem *Quality Time* und *Acts of Service* dominant.« *AUTSCH!* Genau die, die es bei mir nicht sind … Wie hatten wir denn die letzten Jahre überlebt?

»Und bei dir? Lass mich raten«, sagte er verschmitzt und schaute mir in die Augen. »*Physical Touch*?«

Ich musste lachen und sagte: »Ja! War zu erwarten, oder?«

Scheinbar hab ich genau auf dieser Terrasse in Marokko in der untergehenden Sonne Sebastian von den fünf Sprachen der Liebe überzeugt. Denn wir sind für Stunden nicht mehr von den Plastikstühlen aufgestanden und konnten auch beim Essen im Restaurant nebenan nicht aufhören, über das Thema zu reden, was in der Retroperspektive so viel für uns verändert hat.

Wir haben uns gegenseitig offenbart, wie wir nicht nur durch den Test, sondern auch in unserem gemeinsamen Alltag die Liebessprachen ausdrücken und empfangen. Als uns gerade unsere ungefähr 20. Tajine (ein marokkanisches Schmorgericht) auf der Reise serviert wurde, erfuhr ich, dass das Aufräumen von Sebastians altem Kinderzimmer, als wir noch 16 Jahre jung waren, ihm superviel bedeutet hat. Es war mehr als nur eine Geste der Aufmerksamkeit. Die Zeit, die ich mir genommen habe, um ihm sein Leben zu erleichtern, hat ihn sich geliebt fühlen lassen. Für mich nur eine Nebensache, für ihn etwas total Besonderes. Und als ich am warmen Minztee nippte, fiel mir ein, dass mein damals nicht existenter Führerschein nie ein Thema gewesen war. Obwohl wir wohlgemerkt auf dem Dorf wohnten!

Sebastian ist gerne von A nach B gefahren und hat mir auch angeboten, mich zu jeglichen Uhrzeiten von jeglichen Orten abzuholen. Für mich nur eine Nebensache, für ihn der Ausdruck seiner Liebe.

Als Sebastian anfing, sich eine Zigarette zu drehen, erzählte er ganz aufgeregt, dass er sich noch an eine Situation erinnerte, wie wir vor Jahren in meinem Bett im Kinderzimmer lagen und ich seinen Rücken kraulen wollte. »Für mich war das totale Reizüberflutung, aber jetzt verstehe ich, wieso dich meine Ablehnung so verletzt hat … Du wolltest mir Liebe schenken und ich hab sie abgelehnt.« Tja, Kraulen mag er immer noch nicht, dafür bekomme ich immer Krauleinheiten auf Abruf.

»An dieser Stelle muss ich einfach noch mal hervorheben, wie viel leichter unsere Beziehung für mich wurde, nachdem wir dieses Konzept kennenlernen durften. Weil wir uns beide Mühe gegeben haben, unsere Art Liebe auszudrücken, an unser Gegenüber anzupassen, ist unsere Liebe auf ein ganz neues, noch intensiveres und auch deutlich leichteres Level gekommen.« – Sebastian

Und als wir da so saßen und unser Innerstes nach außen stülpten, an den Lippen der*des anderen hängend und trotzdem immer wieder die nächste Frage oder eine ergänzende Aussage auf den eigenen Lippen, hab ich Sebastian wirklich gesehen. Dieses Sehen, das überhaupt nichts mit dem Äußeren einer Person zu tun hat. Dieses Sehen, bei dem man tief im Bauch spürt, dass man genau weiß, wer die*der andere ist und dass man bereit ist, alles, was man noch nicht weiß, mit der Zeit herauszufinden.

Das war der Moment, der mir vor Kurzem wieder ins Gedächtnis kam. Diese Stunden in Marokko, in denen wir über die fünf Sprachen der Liebe gesprochen haben. So alltäglich und doch so viel mehr als das.

Und bevor man jetzt zum*zur Partner*in rennt und sich über die Sprachen der Liebe austauscht, ein Tipp von mir: Auf alle Fragen des Gegenübers vorbereitet zu sein, hilft dabei, dass das Gespräch nicht allzu schnell mit einem »Ach, was ist das denn schon wieder für ein Zeug, hast du das auf TikTok gesehen?« endet. Sondern damit, dass die Herzen gemeinsam höherschlagen und man in die tiefsten Tiefen der*des anderen vordringen kann.

Also, hier mal die Basics: Welche Sprachen gibt es überhaupt?

## *PHYSICAL TOUCH* ODER AUCH KÖRPERLICHE ZUNEIGUNG

Die Definitionen stecken eigentlich schon in den Bezeichnungen: Eine Person, die diese Sprache der Liebe primär spricht und empfängt, liebt körperliche Zuneigung und sieht diese als Ausdruck von Liebe. Ob es das Händchenhalten beim Schlendern durch die Stadt, die lange Umarmung nach einem harten Tag auf der Arbeit oder der romantische Kuss beim Abschied am Bahngleis ist.

Am liebsten will sie Dauerkontakt mit dem*der Partner*in und kann nicht genug Kuscheleinheiten bekommen. Hier geht es nicht, wie viele eventuell denken, nur um sexuelle Intimität, sondern vielmehr auch um die emotionale Nähe, die zwischen zwei Menschen entsteht, wenn man die körperliche Distanz minimiert.

Es gibt einige, denen ist es besonders wichtig, dass dies auch in der Öffentlichkeit geschieht. Dass man sich, auch wenn man mit dem*der Freund*in unterwegs ist, hier und da einen Kuss, ein Streicheln am Rücken oder eine Umarmung abholen kann. Und dass der*die Partner*in sich in Gruppensituationen ja nicht zu weit wegsetzt, am besten neben einen, sodass sich auch die Schenkel noch berühren und die Hand schnell und einfach auf dem Knie landen kann.

Andere wollen diese Körperlichkeit nur zu Hause, aber da auch nicht unbedingt weniger ausleben. Hier ist natürlich, wie bei allem, viel vom Individuum abhängig.

Und da man die jeweilige Sprache ja nicht nur am besten versteht, sondern auch fließend spricht, kann sich ein*eine Beziehungspartner*in auf sehr viel körperliche Zuneigung gefasst machen. Da wird gern beim Händchenhalten auch in Dauerschleife mit dem Daumen über den Daumen der*des anderen gestreichelt oder ein Kuss auf die Wange weitet sich zu einem sanften Beißen aus.

Hier wäre also die Antwort auf die Frage »Lieber beim Spaziergang die Hand der*des anderen oder die Worte ›Ich liebe dich‹ hören?« glasklar!

Das wird bei der nächsten der vier Sprachen ganz anders aussehen.

## *WORDS OF AFFIRMATION* ODER AUCH WORTE DER ANERKENNUNG

Menschen, die sich dieser Sprache am nächsten fühlen, fühlen sich vor allem geliebt, wenn man die Liebe in Form von Worten ausdrückt. Und hier geht es nicht nur um Worte zur Beziehung, sondern auch zu der Person selbst. Ein Kompliment zum neu gekauften Kleid, ein »Ich bin stolz auf dich«, wenn man gerade selbst nicht so an sich glaubt, oder auch eine regelmäßige WhatsApp-Nachricht mit den Worten »Guten Morgen, ich hoffe, du startest gut in den Tag <3« können bei Personen, die primär diese Sprache sprechen, Wunder bewirken. Es sind mehr als Worte, sie bewirken, dass das Gegenüber sich wertgeschätzt und geliebt fühlt.

Dazu gehört natürlich auch das gute alte »Ich liebe dich«. Ob kurz vor dem Schlafengehen, am Ende eines Telefonats oder beim tiefen Blick in die Augen – das, was gefühlt wird, in Worten auszudrücken, ist diesen Menschen unglaublich wichtig. Nicht nur zu denken »Wow, ich genieße die Zeit mit dir gerade unglaublich«, sondern das auch offen und ehrlich zu sagen. Nicht nur zu denken »Sie*Er bringt mich wirklich immer zum Lachen«, sondern das auch zu offenbaren.

> »Etwas ganz Wichtiges bei dieser Sprache ist, dass auch wirklich Bedeutung hinter den Worten steht und sie nicht nur so dahingesagt werden.« – Sebastian

Diese Personen wollen, dass man auch im Streit respektvoll bleibt, sich gewählt ausdrückt, wenn man über die*den andere*n spricht, und auch hin und wieder vor den Freund*innen sagt, wie gern man seine*n Partner*in hat. Und ein Tipp von mir: Als Geschenk den altmodischen Liebesbrief auszupacken, kommt immer gut an.

Das würde bei der nächsten Sprache der Liebe nicht ausreichen.

## *GIFT GIVING* ODER AUCH GESCHENKE

Wie schon erwartet, stehen Geschenke bei dieser Sprache der Liebe im Vordergrund. Und jetzt ist sehr wichtig: Wenn man das liest und sich angesprochen fühlt, keine Panik! Nein, man ist keine materialistische Marionette des Kapitalismus! Und wenn man das liest und jetzt schon Personen verurteilt, die sich angesprochen fühlen: Nein, sie sind keine materialistischen Marionetten des Kapitalismus.

Und zuallerletzt, wenn es jetzt schon Klick macht und man merkt, hm, vielleicht könnte das ja die Sprache der Liebe meines*meiner Liebsten sein: keine Angst! Ihr werdet durch diese Beziehung nicht zu armen Schlucker*innen und lauft auch nicht Gefahr, der Person, wenn ihr schon arme Schlucker*innen seid, nichts bieten zu können.

Es geht hier nicht um Materialismus, sondern um die Geste hinter Geschenken. Um das »Ich hab an dich gedacht« oder das »Ich hab dir zugehört und dir das besorgt, was du dir wirklich gewünscht hast«.

Bei Ersterem, also dem »Ich denk an dich«, kann ein Bild von der Arbeit mit dem Schriftzug »Ich freu mich schon auf später« das Geschenk sein. Ein weiteres Geschenk wäre, das Lieblingsgetränk des*der Partner*in vom Einkaufen mitzubringen. Der erfahrene Profi lässt sich nichts entgehen und zaubert regelmäßig Carepakete, wenn zum Beispiel eine wichtige Prüfung ansteht. Gefüllt mit den liebsten Snacks, Taschentüchern im Fall des Scheiterns und kleinen Zetteln mit ermutigenden Worten.

Um das Ganze aufs Simpelste herunterzubrechen: Man kann Menschen, die diese Sprache sprechen, einen »schönen« Stein vom Spaziergang mitbringen, und ihr Herz schlägt höher. Wahrscheinlich haben sie ihrem*ihrer Partner*in schon die eine oder andere Blume vom Straßenrand gepflückt und verstecken unter ihrem Bett eine kleine Kiste, in der sie alle Zettelchen, Steinchen und Erinnerungen aufheben. Die Karten vom Konzert, die Muscheln vom Urlaub 2008 oder die erste Rose, die sie jemals bekommen haben – damals sorgfältig aufgehängt und getrocknet natürlich.

Bei Letzterem, dem »Ich höre dir zu«, geht es um die für diese Personen besonders wichtigen Tage im Jahr. Der Geburtstag, der Jahrestag oder vielleicht (in extremen Fällen) sogar der Tag, an dem ihr euch zum ersten Mal geküsst habt. Wichtig ist, dass man nicht irgendwas bekommt, sondern so wertgeschätzt wird, dass sich der*die Partner*in Gedanken gemacht hat. Dass er*sie zuhört, wenn man Wünsche äußert, oder eventuell sogar ohne Hinweis weiß, was einem Freude bereiten würde. Also keine Last-Minute-Geschichten wie »Ich geh mal schnell zu Müller, einen Gutschein holen«.

## *ACTS OF SERVICE* ODER AUCH HILFSBEREITSCHAFT

Ganz anders bei dieser Sprache der Liebe. Hier ist mal kurz zu Müller gehen und die für den Haushalt notwendigen Hygieneartikel einkaufen ein großer Ausdruck von Liebe. Genauso wie ein morgendlicher Kaffee ans Bett, ein Candle-Light-Dinner mit dem selbst gekochten Lieblingsessen des*der Partner*in oder das stündlich gebrachte Wasserglas, das nicht nur heißt »Hey, trink mal was!«, sondern für Personen, die diese Sprache sprechen, so viel bedeutet wie »Ich möchte nicht, dass du Kopfschmerzen bekommst, ich will dir was Gutes tun, weil ich dich liebe und du mir wichtig bist!«.

Aber nein, es geht nicht darum, dem*der Partner*in ALLES abzunehmen, es geht um die kleinen Gesten im Alltag, die addiert nahezu jedem was bedeuten, aber manchen bedeutet es »etwas« und manchen »alles«, und genau da liegt der Unterschied.

Was den Sprecher*innen dieser Liebessprache auch alles bedeuten kann, ist, in stressigen Zeiten eventuell mal mehr als die üblichen 50 Prozent im Haushalt zu übernehmen und, anstatt nur zu spülen, auch mal zu kochen. Anstatt die Wäsche nur aufzuhängen, sie vorher auch in die Waschmaschine zu befördern. Hilfsbereitschaft eben, gerade dann, wenn der*die andere nicht kann.

Hier ein paar Tipps von mir als »Reinschnupperin«, denn diese Sprache ist eine von Sebastians primären, die ich aber definitiv noch lernen musste, dazu gleich mehr.

Erstens: Fragt nach, was das Gegenüber braucht, wo gerade Stress herrscht, welche Aufgaben man übernehmen könnte und welche nicht. Denn manchmal kann auch das unaufgeforderte Übernehmen von Aufgaben Stress erzeugen. Und zweitens: Fragt, welche Aufgaben tatsächlich mit Liebe besetzt sind, denn auch hier gibt es natürlich Unterschiede. Löst das Abräumen des Tisches nach dem Essen totale Liebe aus, weil man dann in Ruhe entspannen und verdauen kann? Oder zerstört die*der andere mit der Hektik die Stimmung und nimmt den Raum für das gemeinsame Verweilen weg? Ist es das Fahren zum wichtigen Termin, an den der*die Partner*in von allein gedacht hat? Oder vielleicht das Abholen eines Pakets auf dem Weg nach Hause? Oder eher die kurze Nackenmassage und der Tee, wenn es heißt »Mir geht's heute nicht so gut«?

Fragen und offen kommunizieren ist eigentlich bei *allen* Sprachen wichtig. Denn hier geht es nicht nur darum, das Gegenüber auf die richtige Art zu lieben, damit dessen *Love Tank* voll wird, sondern auch, auf die richtige Art zu lieben, damit der eigene Energietank nicht zu schnell leer wird, ohne dass die*der andere sich überhaupt geliebt fühlt.

Ach ja, der Love Tank. Auch eine Theorie von Gary Chapman, die eventuell sogar das große Phänomen »aneinander vorbeilieben« vollständig aufklärt und eine einfache Metapher für dieses so schmerzhafte Problem gefunden hat. Ich versuche, das mal mit einem Beispiel zu erläutern.

Bei meiner Mama wurde im Oktober 2022 sehr plötzlich eine schwere Krankheit diagnostiziert. In dieser Zeit habe ich sie viel unterstützt und natürlich gleichzeitig auch wegen dieser Situation getrauert. Das wiederum bedeutete, dass ich hier und da mehr Unterstützung und Liebe von Sebastian brauchte.

Am Anfang hat er mir diese vor allem in Form von Hilfsbereitschaft gezeigt. Er hat sich Tage freigenommen, um mich zu ihr ins Krankenhaus zu fahren, mir mein Lieblingsessen gekocht, Staub gesaugt oder die Wäsche übernommen. Seine *Love Language* eben. In einem emotional aufgewühlten Gespräch – ja, auch wir haben solche, Überraschung – hab ich mir *mehr* Unterstützung gewünscht. Wir saßen beide auf dem kalten Boden bei uns im Flur, ich hatte gerade eine Heulattacke hinter mir und Sebastian schaute zu mir auf: »Ich kann dir nicht mehr geben, meine Kapazitäten sind total ausgeschöpft …« Eine kurze Stille und ein bis zwei Schluchzer von mir später stellte er die Frage aller Fragen: »Was für Unterstützung wünschst du dir denn?« Da war sie! *Die* Frage, die fast alle Probleme lösen kann. Meine

Antwort: eine Umarmung mehr, einen Kuss auf die Stirn mit den Worten »Du machst das toll, du bist so stark« und mehr kuschelige Abende zu Hause als sonst. **Wir hatten meine Love Language in der ganzen Situation komplett außer Acht gelassen. Ich brauchte nicht mehr, sondern andere Unterstützung.** Nachdem wir das gemerkt hatten und Sebastian es auch umgesetzt hatte, habe ich mich zu 100 Prozent unterstützt gefühlt, und das, ohne dass Sebastian über seine Kapazitäten gehen musste.

Stell dir mal zwei Gläser vor. Sie stehen für beide Personen in der Beziehung. Wenn man der*dem anderen Liebe schenken möchte, schüttet man etwas von seinem Wasser in das Glas des*der Partner*in. Aber was, wenn man ganz aus Versehen danebenschüttet? Man hat trotzdem etwas von seinem Wasser gegeben, aber beim Gegenüber kommt davon nichts an. Man hat Wasser »verschwendet«, und wenn man darüber nicht spricht, wird man sein ganzes Wasser aufbrauchen, ohne dass die*der andere jemals etwas davon mitbekommt. Irgendwann sind beide Gläser leer, und man hat kein Wasser, keine Liebe mehr zu geben.

**Deshalb ist es so wichtig, zu wissen, welche Art der Liebe im Glas der*des anderen ankommt, und es zu sagen, sobald man merkt, dass der eigene Liebestank ganz schön leer ist.**

## *Quality Time* oder auch Zweisamkeit

Der Schlüssel bei der letzten Sprache der Liebe ist Zeit. Und zwar solche, die man heutzutage nur schwer finden kann – qualitativ hochwertig und ganz ohne Unterbrechungen. Soll heißen: das Handy weglegen, Augen und Ohren auf den*die Partner*in richten und sich in Zweisamkeit suhlen. Das kennen viele, die diese Love Language nicht sprechen, vielleicht noch aus der Verliebtheitsphase, in der das bloße Streicheln über die Gesichtszüge der*des anderen oder der fünfminütige ununterbrochene Blick in die Augen einen Abend ganz ohne weiteres Entertainment zum besten der Welt machen konnte.

Hier ist Aufmerksamkeit das Geschenk und der ultimative Ausdruck von Liebe. Also, anstatt des abendlichen Netflix-Programms dürfen es auch mal ausgefallenere Aktivitäten sein. Egal ob der traditionelle Restaurantbesuch oder doch etwas Originelleres wie gemeinsames Keramikbemalen.

Auf jeden Fall sticht Qualität hier Quantität. Denn egal wie oft ihr euch seht – ohne tiefgehende Gespräche und den einen oder anderen Blick in die Augen habt ihr euch für Personen mit dieser Love Language faktisch überhaupt nicht gesehen.

Aber wie lässt sich diese Quality Time im stressigen Alltag einbauen und vor allem aufrechterhalten? Denn wir kennen es alle: Man nimmt sich vor, weniger zu streamen, das Handy vor dem Schlafengehen in einen anderen Raum zu verbannen oder ab morgen jeden Tag mindestens zehn Seiten zu lesen. Ja klar, sich das zu sagen, klappt gut, aber es auch umzusetzen? Naaaah, schwieriger!

Dasselbe gilt auch für die wöchentliche *Date Night*. Aber nein, keine Angst, Quality Time bedeutet nicht, dass man jede Woche mit etwas Neuem, Aufregendem und Exklusivem ankommen muss.

Zwei Tipps von mir.

Erstens: Macht die kleinen Momente zu etwas Größerem. Der Regalaufbau, den ihr schon ewig aufschiebt, die Wäsche, die noch zusammengefaltet werden will, oder das Abendessen, das irgendjemand noch zubereiten sollte. Also anstatt schnell, schnell in der Küche noch irgendwas in die Pfanne zu werfen, nehmt euch etwas Zeit und stellt euch gemeinsam an den Herd. Es kann mal ein neues aufwendigeres Rezept, es können aber auch die klassischen Penne all'arrabiata sein – Hauptsache, ihr romantisiert das Ganze. Musik an, Handys weg. Vielleicht entsteht eine *Dance Session* mit Kochlöffel und Schneebesen in der Hand, vielleicht eine Konversation über den Tag. Vielleicht auch nichts dergleichen – aber es wäre Raum und Zeit da, in der sich solche Momente entfalten *könnten*. Und darum geht's.

Zweitens: Macht euch ein Date-Glas, in dem ihr beide Ideen sammelt. Manche mehr, manche weniger zeitintensiv. Einige teuer, andere umsonst. Am besten markiert ihr die Zettel mit den Ideen dann auch, sodass ihr je nach Lust, Laune und Geldbeutel ziehen könnt. Damit erspart ihr euch das Hin-und-her-Überlegen, *was* ihr nun tun könntet. Nur ein Griff in das Glas und ihr seid startklar. Und da habt ihr auch schon eure erste Date Night: das gemeinsame Füllen dieses Glases! Fühlt euch durch die Existenz dieses Glases jedoch nicht dazu verpflichtet, andauernd Dates haben zu müssen. Quality Time kann und sollte auch in den Momenten dazwischen passieren, und manchmal ist die einfachste Lösung, diese Momente auszudehnen.

> »Ich denke, ich spreche für so gut wie jede Person, wenn ich sage, dass diese kleinen Momente, in denen man sich beim Abendessen darüber austauscht, wie der Tag war, oder beim Einschlafen noch einmal fragt, wie es dem Gegenüber geht, die Momente sind, die wir uns alle wünschen und auf die so vieles Intimere, das man in einer Beziehung teilt, aufbaut. Das ist für mich die kleinste, aber vielleicht wichtigste Form von Quality Time.« – Sebastian

Jetzt sind wir also alle auf dem gleichen Stand der Dinge. Habt ihr eure Love Language oder die eures Partners schon erkannt? Oder denkt ihr vielleicht, ihr sprecht alle diese Sprachen der Liebe und wollt sie auch alle bekommen? Ich kann auf jeden Fall empfehlen, das Buch *Die 5 Sprachen der Liebe* selbst zu lesen und den Test im hinteren Teil des Buches zu machen. So wie Sebastian und ich auf dieser wunderschönen Terrasse in Marokko.

Wer keine Leseratte ist: erst mal danke, dass ihr dieses Buch trotzdem lest, ich hoffe, es lohnt sich für euch. Es gibt online viele vergleichbare Tests, die euch schon mal ein grobes Gefühl für die richtige Richtung geben können. Am empfehlenswertesten ist es jedoch, die eigene Art, Liebe zu schenken, zu beobachten und auch die Momente zu reflektieren, in denen ihr euch am meisten geliebt fühlt. Alle Infos für die Analyse könnt ihr im vorangegangenen Kapitel nachlesen.

Auch wenn ich dieses Kapitel selbst geschrieben habe, würde ich mich auf keinen Fall als Muttersprachlerin in allen Sprachen bezeichnen, denn bis Sebastian und ich das ganze Thema wirklich integriert hatten und eingespielt waren, hat es Jahre an Beziehungsarbeit gebraucht. Wie schon im Rahmen meiner schönen Anekdote aus Marokko erklärt, sprechen wir nicht die gleiche Love Language und mussten die jeweils andere erst mal lernen, damit wir uns in derselben Sprache unterhalten und uns auf diese Weise unmissverständlich geliebt fühlen konnten. Wie viele zwischenmenschliche Dinge lernt man sowas nicht von heute auf morgen.

Ich kann mich an einige Tränen erinnern, die nach Gesprächen kullerten, in denen ich eine Umarmung gebraucht hätte, Sebastian mir aber keine geben wollte. Es braucht ganz schön viel Übung, über den eigenen Schatten zu springen, und das bedeutet, die Art der Liebe, die die*der andere braucht, auch anwenden zu lernen. Gleichzeitig ist es sehr wichtig, die Liebe, die das Gegenüber natürlicherweise ausdrückt, als solche sehen und annehmen zu können. Denn wenn ich den Kaffee, den Sebastian mir jeden Morgen ans Bett bringt, nicht mehr nur als »Ich hab mir Kaffee und dir gleich einen mit gemacht« sehe, sondern als Ausdruck seiner Liebe, füllt sich mein Liebestank um einiges schneller. Der »Guten Morgen«-Kuss erwärmt mein Herz natürlich noch mehr und den bekomme ich auch (fast) jeden Morgen. Aber die Kombination aus beidem und dass ich beides als Liebe wahrnehme, macht es aus und für uns beide einfacher. Gerade wenn er mal keine Lust auf den morgendlichen Kuss *vor* dem Zähneputzen hat.

Ein Satz von Sebastian, der in mir nachhallt, ist: »Aber ich will dir keine Umarmung geben, wenn ich mich nicht danach fühle, dich zu umarmen.« Und wie alles im Leben kann man auch diese Aussage aus mehreren Perspektiven betrachten. Wenn ich mich in mein früheres Ich versetze, hat mich dieser Satz unglaublich verletzt, mich abgelehnt und ungeliebt fühlen lassen. Heute weiß ich jedoch, dass man niemanden zu etwas drängen kann. **Man muss die Grenzen des Gegenübers akzeptieren, allgemein und vor allem in einer Beziehung.** Aber dazu in anderen Kapiteln noch mehr.

Wieso hat Sebastian diesen Satz gesagt? Früher hatte er oft das Gefühl, dass alles, was ich will, nichts ist, was zu seinen Gunsten passiert. Dass ihm Freiheit weggenommen wird, wenn er mir gibt, was ich brauche. Heute weiß er, dass Einfühlsamkeit geübt werden will und dieser Schritt, mir eine Umarmung zu geben, für uns beide ein heilsamer, versöhnlicher und Kraft gebender Moment sein kann.

Denn wenn ich hier und da einen Schritt auf mein Gegenüber zugehe, Liebe schenke und mir Mühe gebe, den Love Tank der*des anderen zu füllen, wird sich das im Normalfall unglaublich positiv auf die Beziehung, aber auch auf mich als Individuum auswirken. Denn alles in einer Beziehung ist ein Geben und Nehmen. So klischeehaft es auch klingt, aber Liebe, Verständnis und Einsicht erzeugen Liebe, Verständnis und Einsicht.

Sebastians Grenzen zu akzeptieren und ihm die Distanz, die er manchmal in schwierigen Situationen braucht, zuzugestehen, wird die Nähe zwischen uns verstärken. Und seine einfühlsame Umarmung nach diesem Abstand wird mir die Möglichkeit geben, ihm in Zukunft noch öfter die Distanz zu geben, die er braucht. Klingt paradox, doch vielleicht kennt das der eine oder die andere ja?

Aber um dem Gegenüber zu geben, was er*sie braucht, und zu bekommen, was man selbst braucht, muss man das auch erst mal ausdrücken können.

Der erste Schritt ist gemacht und die Frage »Welche Love Language spreche ich?« geklärt.

Menschen sind aber leider nicht einfach gestrickt. Jede Person ist individuell, und die Anweisung »Meine Sprache der Liebe ist Quality Time, bitte berücksichtige das« ist meist zu ungenau, um sie in die Tat umzusetzen.

Es klingt vielleicht unromantisch und nicht so Matthew-McConaughey-»Wie werde ich ihn los – in 10 Tagen«-mäßig, aber es kann am Anfang helfen, gemeinsam eine Liste zu erstellen, eine Art »Handbuch zum Lieben«.

Was genau ist es, wodurch du dich geliebt fühlst? Welche Dinge kann deine Beziehungsperson in den Alltag einbauen, damit dein Liebestank voll wird?

Hier meine vereinfachte aktuelle Liste als Inspiration:

- *fünf Minuten Kuscheln am Morgen*
- *auf jeden Fall mindestens fünf Küsse zum Abschied und einen zur Begrüßung*
- *beim Netflix-Schauen kuscheln, mindestens aber Händchen halten, an heißen Tagen reicht auch der kleine Finger*
- *ein Date in der Woche*

- *vor dem Schlafengehen fünf Minuten über den Tag sprechen*
- *die Worte »Träum nur Schönes« zum Schlafengehen*

Das ist das, was meinen Love Tank über Jahre hinweg voll bleiben lässt. Und nein, ich habe diese Liste niemals so aufgeschrieben und Sebastian in die Hand gedrückt à la »Bitte abhaken und an mich zurückgeben, danke!«. Aber es hilft, sich immer und immer wieder darüber auszutauschen, was das Gegenüber gerade braucht, denn die Liste ist über die Jahre natürlich fluid und Gedanken lesen, wie wir alle wissen, unmöglich.

Sich hin und wieder, gerade am Anfang des Fremdsprachenlernens, zu fragen »Wie voll ist dein Love Tank gerade? Und was würde ihn voller machen?«, kann superhilfreich sein. Ganz nach dem Motto »Happy wife, happy life«, von mir aber umgeändert zu »Voller Love Tank, happy relationship« oder so … Hinkt ein wenig, aber *you get the point.*

Sebastian hat dann übrigens auf meine Empfehlung hin *Die 5 Sprachen der Liebe* noch in Marokko komplett gelesen. Und auch wenn es vielleicht kitschig klingt, wir haben vor vier Jahren angefangen, über die Art, wie wir lieben, zu sprechen und seitdem nie damit aufgehört.

PS: Eine kurze, vielleicht etwas emotionale Passage am Ende. Mama und Papa, ich bin froh, dass ihr euch getrennt habt. Auch wenn ich euch oft als Vorbildbeziehung gesehen habe, weiß ich jetzt, dass ich das als euer Kind so sehen wollte und dass ihr allein glücklicher seid. Als ich vor fünf Jahren das Buch *Die 5 Sprachen der Liebe* gelesen habe, habe ich mir sehnlichst gewünscht, dass ihr diese Theorie gekannt hättet. Dass ihr euch gefragt hättet, wie voll euer Love Tank ist, dass ihr gewusst hättet, welche

Love Language das Gegenüber spricht, und dass ihr eine Liste mit Dingen geschrieben hättet, die bewirken, dass ihr euch geliebt fühlt. Vielleicht hätte es etwas geändert, vielleicht auch nicht. Heute weiß ich, dass alles okay ist, so wie es ist. Aber vielleicht kann ich anderen Paaren durch dieses Kapitel ersparen, so lange aneinander vorbeizulieben wie meine Eltern.

PPS: Gary Chapman, er ist auch Pastor, ist in vielen Passagen sehr heteronormativ, sein Buch stammt aus den 1990er-Jahren, und das merkt man! Bitte manche Stellen kritisch hinterfragen und/oder auf eure Situation übertragen.

# WÜRDEST DU MICH AUCH LIEBEN, WENN ICH EIN WURM WÄRE?

## Die Bindungstypen

Ein Kuss, noch ein Kuss, eine Umarmung, wieder ein Kuss. Ein trauriger Blick in seine Augen. Die Unterlippe wölbt sich leicht nach außen, während die Oberlippe etwas nach innen rutscht. »Pass auf dich auf, okay? Ich brauche dich noch.« Und die Tür fällt ins Schloss. Stille. Im Hintergrund nur noch das Rauschen der Spülmaschine, die ich gerade angeschmissen habe.

Er fährt mit seinem Rennrad zur Arbeit und kommt in spätestens vier Stunden wieder. Teilzeitjob neben der Uni. Was soll da schon passieren?

Berge von Wäsche türmen sich im Schlafzimmer unserer ersten gemeinsamen Wohnung. Drei Zimmer, Bad, Gästeklo und Küche. Viel zu groß für zwei 20-jährige Student*innen, aber der Wohnungsmarkt in Freiburg gab nichts anderes mehr her. Bei der Besichtigung der Wohnung hatten wir einen Junggesellen angetroffen, der es nicht für nötig gehalten hat, vor unserem Eintreffen die Spüle vom Geschirr und das Klo von ihr wisst schon was zu befreien. Sebastian und ich saßen nach der Besichtigung, es war mindestens unsere zehnte, schweigend im Auto. Mir kullerten Tränen hinunter. Er fing eine davon mit seinem

Daumen auf und schaute an einer roten Ampel traurig zu mir auf den Beifahrersitz.

»Ich zieh da nicht ein. Niemals«, sagte ich.

»Uns bleibt vielleicht nichts anderes übrig. Wir schaffen es schon, diese Wohnung zu unserer zu machen, da bin ich mir sicher.«

Und weil das Studium in weniger als drei Wochen beginnen sollte, zogen wir zwei Wochen später ein.

Ich spüre seinen letzten Kuss noch auf den Lippen, er hatte Recht mit der Wohnung. Mittlerweile fühlt sie sich nach zu Hause an. Es brauchte nur einen kompletten Grundputz, die eine oder andere Palette, auf die man eine Matratze schmeißen konnte, und ein von mir gemaltes Wandtattoo mit einer Lotusblume in den Farben Rot, Orange und Gelb.

Bevor die nächste Maschine Wäsche anlaufen kann, muss ich die nasse, schon leicht vermodert riechende letzte Ladung erst mal aufhängen. Den Wäscheständer aus dem »Yoga-Zimmer«, dem neben unserem Schlafzimmer liegenden und kaum benutzten Raum, geholt, mache ich mich also an die Arbeit.

Innere Unruhe steigt auf, als ich draußen vor den Ahornbäumen ganz leicht den Nieselregen erahne. Ist das Regen oder Staub? Ich öffne das seit unserem Einzug vor einem Jahr nicht geputzte Fenster und tatsächlich: Es regnet. Hat Sebastian eine Regenjacke dabei? Wie tief sind die Reifenprofile von solchen Rennrädern?

Ich gehe in den Flur, um mein Rennrad zu begutachten, ein hellblaues Modell von Peugeot, das mit der öligen Kette schon die halbe Wand vollgesaut hat – ein Glücksgriff auf eBay, zwei Wochen nachdem wir eingezogen waren. Freiburg ohne Rennrad ist wie Johanna ohne Sebastian … oder so ähnlich.

Die haben ja echt kaum Profil. Und sein Helm liegt auch noch auf dem provisorischen Schuhregal. Typisch.

»Auch wenn ich gerne einen Helm tragen würde: Weißt du, was mit lockigen Haaren passiert, wenn sie auf einen Helm treffen? Die ganze Frisur ist im Eimer und J.D.s frisurschonender Helm aus Scrubs kam mir leider noch nicht in die Finger.« – Sebastian

Ist er vielleicht schon auf der Arbeit? Er muss so vor zehn Minuten losgefahren sein, oder? Wahrscheinlich befindet er sich gerade an der großen gefährlichen Kreuzung, bei der die Fahrräder gern mal von Autos übersehen werden.

Bist du gut angekommen? Ich wünsch dir einen schönen Arbeitstag 🌍

10:32

Ich mache mich wieder an die Wäsche, mein Herz rast schon etwas schneller als vor zwei Minuten. Das Handy vibriert. Ist das Sebastian?

Leider nur die Gruppe von Student*innen. »Naturgurken« – wer hat sich den Gruppennamen eigentlich ausgedacht? Total albern. Auch wenn im Studiengang Umweltnaturwissenschaften natürlich der eine oder andere Naturmensch eingeschrieben ist. Aber was hat das jetzt mit Gurken zu tun? Sebastian und ich haben uns nach unserer Reise durch Südostasien 2017 dazu entschieden, die Welt retten zu wollen. Der Plastikmüll an den weißen Sandstränden hatte uns den Rest gegeben. Irgendwas musste man doch tun können. Ein paar Google-Suchanfragen später war klar – wir ziehen nach Freiburg und studieren Umweltnaturwissenschaften.[5]

Wieso hat Sebastian eingestellt, dass man nicht sehen kann, wann er zuletzt online war? Mist. Aber er ist bestimmt sicher angekommen. Oder?

Ein Bild blitzt vor meinem inneren Auge auf, wie Sebastian auf dem Rennrad komplett von einem riesigen Truck mit bestimmt 100 km/h umgewalzt wird.

Wen würden die dann eigentlich anrufen? Seine Eltern? Die wohnen doch drei Stunden entfernt von hier. Und was, wenn seine Eltern vergessen, sich danach bei mir zu melden? Kann man im Geldbeutel nicht so eine Karte mit mir als Notfallkontakt hinterlegen? Aber auch dann würden seine Eltern entscheiden, was mit ihm passiert, falls er in ein Koma fällt. Kennt ihn jemand besser als ich? Wir haben jetzt schon über vier Jahre fast ununterbrochen Zeit miteinander verbracht, da lernt man sich anders kennen. Ich glaube, ich wüsste besser, was er wollen würde.

Die Wäsche hängt und die nächste Maschine ist angestellt. Ich setze Teewasser auf und befülle das Tee-Ei mit der Sorte, die Sebastian und ich beim Teapot am Martinstor in der Innenstadt holen. In dem kleinen Geschäft duftet es immer so schön, ähnlich wie in Parfümläden, bei denen einen direkt am Eingang schon die Wand von Moschus fast in die Ohnmacht treibt. Bloß eben in gut. Teeduft, ein bisschen fruchtig, mit einer leicht sauren Note und als Unterton dieser frische und leicht zitronige Minzgeruch. Ich könnte Stunden in diesem Laden verbringen. Mate-Zitronengras, das war *unsere* Mischung.

War der Tee heute Morgen unser letzter Tee zusammen? Mein Bauch zieht sich zusammen. Sebastian fährt nur auf die Arbeit, mittlerweile sitzt er schon in seinem warmen Container, der in einem alten, aber auf hip gemachten Fabrikgebäude neben ganz vielen anderen Containern und riesigen Monstera-Pflanzen steht. Er arbeitet neben der Uni in einem Start-up. Wahrscheinlich hat er sich Kaffee mit Hafermilch bei der Barista am Eingang der Fabrik geholt. Ich hätte mich bei dem Wetter eher für Chai Latte entschieden. Wobei ich Kaffee mit Hafermilch ja eh nicht so mag, wenn dann eher Hafermilch mit Kaffee. Die Barista ist superfreundlich … Haben die zwei, als ich vor ein paar Tagen auch da war, geflirtet oder kam mir das nur so vor?

Vielleicht schreibt er mir deshalb nicht. Sebastian ist ein wahnsinnig charmanter Mensch und immer übernett zu allen. Das liebe ich an ihm. Aber kann man das falsch verstehen? Sie hat doch gemerkt, dass wir ein Paar sind, oder? Hat er mich in der Stunde, als wir da waren, von sich aus geküsst? Ich kann mich nicht mehr erinnern. Ist sie hübscher als ich? An dem Tag hatte ich, glaube ich, dieses komische alte T-Shirt an, das ich eigentlich gar nicht mehr so mag. Mein Magen zieht sich wieder zusammen.

Was muss ich heute eigentlich noch so machen? Ich bemerke gar nicht, wie ich mit meinem Finger an der Seite der Tasse herumtippe und immer wieder sehnsüchtig auf mein Handy starre.

Stimmt, eigentlich wollte ich zum Moosweiher. Der See, der mit dem Fahrrad nur fünf Minuten von uns entfernt ist. Ich hatte vor, unsere Picknickdecke auszubreiten, meinen Kindle auszupacken und mir vorher vielleicht auf dem Weg bei Rewe noch ein kaltes Getränk zu holen. Aber bei dem Wetter macht das natürlich keinen Spaß. Und jetzt?

Vielleicht könnte ich in die Statistikvorlesung gehen, aber der hatte ich eigentlich schon nach der ersten Stunde abgeschworen, weil der Professor immer wieder ganz komisch »ehm« vor und nach jedem Satz gesagt hat. Außerdem ist Statistik *das* Hassfach von allen. Deshalb befindet sich Sebastian ja auch auf der Arbeit und nicht in der Vorlesung.

Kann er sich nicht mal melden?

Hey, na? Wie läuft's? Schreib mir, wenn du Zeit hast 😘

11:04

Ich schlürfe vorsichtig den Tee, der immer noch zu heiß zum Trinken ist – gibt es da überhaupt den perfekten Zeitpunkt? Entweder er ist zu heiß oder zu kalt. Falls es da einen *Sweet Spot* gibt, verpasse ich ihn jedenfalls ständig.

Ich schaue in die Ecke unter dem Tisch und entdecke ein paar Staubmäuse. Saugen könnte man auch mal wieder. Eine halbe Stunde später ist die Wohnung gesaugt und die Teetasse immer noch voll, aber der Inhalt jetzt natürlich kalt.

Ich schaue aufs Handy und tatsächlich, eine Nachricht von Sebastian. Ich muss das Vibrieren beim Saugen überhört haben. Na toll, was, wenn jetzt wirklich das Krankenhaus angerufen hätte, und ich dumme Nuss überhöre diesen wichtigen Anruf, weil ich *was* tue? Saugen?

Hey meine Liebe, bin gut angekommen und mache gerade Mittagspause. Was treibst du so Schönes? 😘

11:27

Hab Wäsche gemacht und gesaugt, vielleicht fahre ich später noch an den Moosweiher, glaubst du, der Himmel klart noch auf?

11:38

Keine Antwort. Er macht wohl mit seinen Kolleg*innen Mittagspause. Manchmal ist er bei ihnen ganz anders als bei mir, er könnte zum Mittagessen auch nach Hause kommen. Aber das lohnt sich wahrscheinlich bei den vier Stunden Arbeitszeit überhaupt nicht.

Bei dem Gedanken, jetzt noch drei Stunden hier allein zu sein, bekomme ich ein ungutes Gefühl. So unruhig, als würde ich in meinem Kopf nach der einen ganz wichtigen Sache suchen, die ich vergessen habe, sie aber nicht finden, weil da gar keine Sache ist. Stattdessen finde ich mich in der Küche am Herd wieder und mache mir die Nudeln mit Tomatensoße von gestern warm, in der einen Pfanne, die wir besitzen und von der das Teflon schon fast abbröckelt. Nur um dann keinen Bissen runterzubekommen. Ich glaube, mein Magen ist damit beschäftigt, sich zusammenzuziehen, und kann deshalb keine Nahrung mehr aufnehmen.

Aber wenigstens scheint jetzt endlich die Sonne.

Ich packe meine Tasche, trage mein Rennrad die Stufen vor dem siebenstöckigen grauen Hochhaus hinunter und fahre zum See. Vielleicht macht Sebastian ja früher Schluss und wir holen uns Pizza Marinara beim Italiener direkt hier am Moosweiher. Das wäre schön.

Ich bin am See, magst du nach der Arbeit vorbeikommen?
13:12

Erst als ich eine Stunde später in der Ferne seinen Lockenkopf entdecke und er mir ganz groß und breit zuwinkt, beruhigt sich mein Nervensystem. Ich merke, wie meine Schultern nach unten sinken und mein Kiefer entspannt.

Am nächsten Morgen:

»Pass auf dich auf. Ich brauch dich noch, okay?« Die Tür fällt ins Schloss und alles fängt wieder von vorn an.

Es gibt bestimmt einige, die genau wissen, was ich meine, sich richtig in mich hineinfühlen können und vielleicht hin und wieder bei dem einen oder anderen Satz selbst ein Ziehen im Bauch gespürt haben. Und andere, die sich die letzten Seiten über gefragt haben, was denn bitte überhaupt mein Problem ist – *Herrgott, er geht doch nur auf die Arbeit.* Und genau da liegt der Unterschied zwischen den sogenannten *Bindungstypen.*

**Die Bindungstypen beschreiben in der Psychologie die emotionale Beziehung zwischen Menschen mit ihren engsten Bezugspersonen.** Der Psychoanalytiker John Bowlby und die Psychologin Mary Ainsworth haben diese Theorie anhand der systematischen Beobachtung der Eltern-Kind-Beziehung erarbeitet.[6]

Kinder zwischen elf und 18 Monaten werden in diesem Versuchsaufbau mit ihrer Bindungsperson und einer Testperson, die das Kind nicht kennt, in einem Raum allein gelassen und von außen beobachtet. Nach kurzer Zeit verlässt die Bindungsperson den Raum. Aus dem Verhalten der Kinder ergeben sich folgende Bindungstypen.

## SICHERER BINDUNGSTYP

Die Kinder reagieren mit Weinen und Schreien, wenn die Bindungsperson den Raum verlässt, sind erleichtert, wenn sie zurückkehrt, fangen dann aber relativ schnell wieder an zu spielen. Die Kinder haben Vertrauen und sehen in ihrer Bezugsperson dank positiver Erfahrungen und Verlässlichkeit einen sicheren Hafen. Aufgrund dieser Stabilität ist es ihnen auch möglich, ihre Umwelt selbstständig zu erkunden.

## UNSICHER-AMBIVALENTER BINDUNGSTYP

Kinder mit diesem Bindungsverhalten haben keine Balance zwischen Bindung und Exploration. Sie sind stark verunsichert, wenn die Bindungsperson den Raum verlässt, wollen diese sogar am Gehen hindern, können jedoch auch nach der Rückkehr kaum beruhigt werden. Sie suchen Nähe und werden ängstlich. Grund ist meist unzuverlässiges und nicht einschätzbares Verhalten der Bezugsperson.

## UNSICHER-VERMEIDENDER BINDUNGSTYP

Verlässt die Bindungsperson den Raum, bleibt das Kind ruhig und zeigt kaum eine Reaktion. Es spielt scheinbar ohne jegliche Einschränkungen weiter. Innerlich stresst das Alleinsein sie, zeigen wollen sie es jedoch meist aufgrund von negativen Erfahrungen in der Vergangenheit nicht. Gründe können Unzuverlässigkeit und in der Folge Vertrauensbrüche der Bezugsperson sein. Die Kinder lernen früh, auf sich selbst aufzupassen und ihre Bedürfnisse als unwichtig zu deklarieren.

## DESORGANISIERTER BINDUNGSTYP

Die Kinder reagieren widersprüchlich auf jegliche Situation. Das Spielzeug wird kaum beachtet, sie sind überfordert und äußern das mit Stimmungsschwankungen, Aggressionen oder Monotonie. Traumatische Erlebnisse in den ersten Lebensmonaten können der Grund sein. Bezugspersonen lösen gleichzeitig Sicherheit und Angst aus, eventuell auch deshalb, da diese Traumata von der Bindungsperson selbst ausgegangen sind.

Wer erkennt den von mir auf den ersten Seiten dieses Kapitels beschriebenen Bindungstyp? **Denn Bindungsverhalten lässt man meist nicht in der Kindheit zurück, sondern nimmt es in alle kommenden Beziehungen des Erwachsenenlebens mit.** Auflösung: Es ist der unsicher-ambivalente oder umgangssprachlich auch der ängstliche Bindungstyp, den ich in den ersten Jahren der Beziehung mit Sebastian in großen Teilen selbst hatte und der es mir nahezu unmöglich gemacht hat, allein zu sein, ohne Angst davor, ihn zu verlieren. Aber wie äußert sich das in der Kindheit entstandene Bindungsverhalten im Alter und in Liebesbeziehungen?

Meist ist im Erwachsenenalter die engste Beziehung die, die wir zu unserer romantischen Beziehungsperson führen. Sie ist unsere engste Bezugsperson. Die, zu der wir gehen, wenn wir Sicherheit, Trost oder Liebe brauchen. Die, die mit uns die schönsten Momente im Leben teilt und uns auffängt, wenn wir einen schlechten Tag haben. Zumindest trifft das zu, wenn beide Beziehungspersonen ein sicherer Bindungstyp sind.

Jemand mit einem sicheren Bindungsverhalten hat gelernt, die eigenen Emotionen zu regulieren, zu reflektieren und zu kommunizieren. Er*Sie fühlt sich sicher darin, vulnerabel zu sein, und hat keine bis wenig Angst vor der Reaktion des Gegenübers. Das Vertrauen darin, dass alles gut werden wird, steht vor Ängsten wie Verlust oder Verurteilung. Sichere Bindungstypen fühlen sich mit Kompromissen wohl, wissen jedoch trotzdem, was sie wollen, und haben keine Angst, ihre Erwartungen auch auszudrücken. Sie sind sicher mit sich, und wenn das Gegenüber im Streit Abstand braucht, können sie diesen zulassen, sich selbst beruhigen und damit für sich und die Beziehungsperson Raum und Verständnis schaffen. Sie haben ein gesundes Verständnis von Nähe und Abstand und binden sich gern, ohne ihre eigene

Individualität und das Leben, das sie vor der Beziehung geführt haben, zu vernachlässigen.

Das klingt nach einer absoluten Traumvorstellung, oder? Und nein, das ist nicht ausgedacht, keine Tagträumerei oder Utopie, es gibt wirklich Menschen, die das gerade gelesen haben und sich damit identifizieren. Schön, oder? Dann jetzt mal zu den eher weniger *wholesomen* Bindungstypen, auch wenn sie genauso valide sind …

Die größte Angst des ängstlichen Bindungstypen liegt darin, die Beziehungsperson zu verlieren. Jedes Handeln und jede Emotion, die das Gegenüber zeigt, wird auf sich projiziert. Die Hand wird vom Knie genommen, wenn man gerade lacht – »Bin ich zu viel?«. Eine WhatsApp-Nachricht ohne das übliche Herz-Emoji – »Verliert er*sie seine*ihre Gefühle für mich?«. Die schlechte Laune aufgrund der stressigen Arbeitssituation – »Hat es doch etwas mit mir zu tun? Wieso kann ich ihn*sie nicht aufmuntern?«. Dieser Bindungstyp paart sich häufig mit emotionaler Abhängigkeit, denn diese verschafft vermeintliche Sicherheit. Eigene Emotionen werden wegen des großen Harmoniebedürfnisses schnell hintangestellt, und man geht Kompromisse ein, die weit weg von den eigenen Erwartungen liegen, weil man die Person an sich binden und niemals wegstoßen möchte. Braucht das Gegenüber Abstand, geht die eigene Welt unter. Die Option, von der Beziehungsperson freiwillig, und wenn auch nur ein paar Minuten lang, getrennt zu sein, schnürt Menschen mit diesem Bindungstyp die Kehle zu. Jedes Missverständnis, jede Unsicherheit und jede Meinungsverschiedenheit wollen sie sofort klären und können mit ihren Gedanken nicht allein sein, bevor sie nicht die Rückversicherung haben, dass der*die Partner*in sie nicht verlässt. Allein können sie sich kaum Sicherheit oder Halt geben, aber auch nachhaltiges Vertrauen zu anderen aufzubauen, fällt ihnen unglaublich schwer. Sie neigen dazu, hin und wieder »Spielchen« zu spielen, um die Aufmerksamkeit des Gegenübers zu wecken, und drohen nicht selten damit, die Beziehung zu beenden, um genau das Gegenteil zu hören. Die Fragen »Liebst du mich wirklich?« und, wenn ja, »Was liebst du eigentlich genau?« und die Folgefrage »Und würdest du mich auch lieben, wenn ich ein Wurm wäre?« klingen albern, sind aber nichts Seltenes, wenn man in einer Beziehung mit jemandem ist, der*die ein ängstliches Bindungsverhalten hat.

Den vermeidenden Bindungstypen kann man nahezu als komplettes Gegenteil vom ängstlichen beschreiben. Die Angst, verlassen zu werden, ist dieselbe, die Reaktion darauf jedoch eine andere. Sich zu binden, jemandem nahezukommen, allein die Möglichkeit, die Fassade bröckeln zu lassen und ihr Herz zu öffnen, um dann doch verletzt oder verlassen zu werden – das lässt vermeidende Bindungstypen eine wirkliche Bindung erst gar nicht in Betracht ziehen. Meist unterbewusst stoßen sie Menschen, die sie gernhaben, von sich weg und fühlen sich bei validen Bedürfnissen nach Nähe von anderen sofort eingeengt. Erwartungen des Gegenübers machen ihnen Druck und Kompromisse fühlen sich an wie ein Entzug von Freiheit. Im Streit brauchen sie Abstand, um wieder durchatmen zu können. Sich von ihrem Standpunkt loszulösen und auf das Gegenüber zuzugehen, fällt ihnen schwer. Es kann auch zu feindseligem oder herablassendem Verhalten dem*der Partner*in gegenüber kommen, vor allem brüsten sich diese Menschen gern mit ihrer Selbstständigkeit und halten ängstlichen Partner*innen ihre Abhängigkeit vor. Meist öffnen sie sich anderen kaum, aus Angst, verletzt zu werden, und sprechen im Allgemeinen nicht über ihre Gedanken oder Gefühle. Auch die emotionalen Signale anderer ignorieren sie gerne und machen Dinge am liebsten mit sich aus. Sie sind oft Einzelgänger*innen und tun sich schwer damit, sich bei anderen Menschen in Sicherheit zu fühlen und Vertrauen aufzubauen. Deshalb fantasieren sie oft von »dem*der Richtigen«, sehen in ihrer Beziehungsperson oft nur die negativen Seiten und ignorieren aus Selbstschutz die positiven.

Der Ursprung der letzten beiden Bindungstypen liegt in der Angst, verletzt, verlassen und zurückgelassen zu werden, jedoch gehen sie damit auf komplett gegensätzliche Art und Weise um. **Der*Die Ängstliche klammert, um ja niemals weggestoßen zu werden, und der*die Vermeidende stößt weg, um niemals der*die Weggestoßene sein zu müssen.**

Interessanterweise paaren sich diese zwei Typen hin und wieder gern, was zu einem ziemlichen Teufelskreis führen kann. Sucht der*die Ängstliche Nähe, will der*die Vermeidende Abstand, sucht der*die Vermeidende Abstand, braucht der*die Ängstliche Nähe.

»Johanna hat im ersten Kapitel davon geschrieben, wie wir uns verhalten, wenn wir streiten. Johanna will den Konflikt unbedingt aus der Welt schaffen, koste es, was es wolle, und ich möchte der Situation nur entfliehen, damit bloß nichts noch Schlimmeres aus unserem Konflikt entsteht. Ich glaube, das ist ein ganz gutes Beispiel für dieses Aufeinandertreffen der Bindungstypen und für eine Situation, die uns viel Arbeit gekostet hat und immer noch manchmal kostet.« – Sebastian

Die Bedürfnisse der beiden sind nicht nur gegensätzlich, sondern ihre größten Ängste werden durch die Coping-Methoden der*des anderen hervorgerufen. Ihre Art, Sicherheit zu suchen, löst beim Gegenüber Unsicherheit aus. Das kann in allen

Lebenslagen zum Vorschein kommen. Von der Frage, wie oft man sich in der Woche sehen möchte (ängstlich am liebsten täglich, vermeidend so selten wie möglich), über die Diskussion, ob man ein gemeinsames Schlafzimmer oder zwei getrennte einrichten soll (ängstlich will unbedingt auch in der Nacht ganz nah bei der Beziehungsperson sein, vermeidend bloß den eigenen Freiraum bewahren) bis hin zur Erziehung der Kinder (ängstlich mit sehr viel Kontrolle, vermeidend eher Laissez-faire).

**Jeder Konflikt reißt dem ängstlichen Bindungstypen den Boden unter den Füßen weg, jede Versöhnung bringt den vermeidenden durch die dadurch entstandene Nähe zum Schwitzen.**

Bindungstypen sind jedoch formbar, und welche Tipps sich aus der Paartherapie ergeben haben und wie diese Beziehungskombi ängstlich/vermeidend eventuell doch eine Chance haben kann, erkläre ich gleich.

Der letzte Bindungstyp ist der desorganisierte. Menschen mit diesem Bindungstypen vereinen die anderen unsicheren Bindungsstile, indem sie Menschen an sich ranlassen, sie dann aber doch wegstoßen, wenn es ihnen zu viel wird. Sie haben gleichzeitig ein Bedürfnis nach Nähe und Abstand, können ihre Gefühle selbst schlecht reflektieren und erst gar nicht in Worte packen. Wo der ängstliche Bindungstyp versucht, Vertrauen in andere und der vermeidende Vertrauen bei sich zu finden, kann der desorganisierte beides nicht. In ihrer Kindheit waren Bezugspersonen oft Quelle von Sicherheit und Angst. Besonders dieses Bindungsverhalten ist meist von schweren Traumata ausgelöst worden.

Wie man der Anekdote vom Anfang des Kapitels eventuell entnehmen kann, haben Sebastian und ich leider nicht beide ein sicheres Bindungsverhalten mit in die Beziehung genommen. Wir haben Art der Kommunikation, Sprache der Liebe, Bindungsverhalten und vieles mehr relativ nahtlos vom Elternhaus mit in unsere Jugendliebe getragen und das hatte gute wie schlechte Seiten.

Die Frage der Fragen ist jetzt natürlich: Wie kann man diese utopisch klingenden Zeilen, die ich vor ein paar Seiten über den sicheren Bindungstypen geschrieben habe, Wirklichkeit werden lassen?

**Für alle Bindungstypen außerhalb des sicheren gilt: Sich therapeutische Hilfe zu suchen, ist keine schlechte Idee.** Fragt Menschen in eurer Umgebung um Hilfe. Dieses Buch ist keine Alternative zu einer therapeutischen Behandlung, sondern es erzählt meine beziehungsweise unsere Geschichte.

Mir persönlich hat bei der Angst, um die es ja im Kern bei allen beschriebenen Bindungsstilen geht, geholfen, diese zu akzeptieren, anstatt gegen sie anzukämpfen.

Wir kennen das wahrscheinlich fast alle. Man wacht auf, ist schon schlecht gelaunt, der Tag verläuft schleppend, man findet keine Freude an der Arbeit, möchte sich nicht hinlegen, aber auch nicht rausgehen, sieht in allem, was sonst alltäglich ist, eine Last. Ist jemand dazu geneigt, ängstlich zu sein, wird diese Situation zu ungemeiner Unsicherheit führen. Die Gedanken darüber, dass irgendetwas nicht stimmen und dieses Gefühl für immer bleiben könnte, werden laut sein. Aber je mehr man auf diese Gedanken eingeht, sie rationalisiert oder sie sich wegwünscht, desto mehr Raum nehmen sie im Kopf ein. Wenn man auf der anderen Seite versucht, den Zustand und auch die damit einhergehenden Angstgedanken als Teil des Lebens zu akzeptieren, haben sie weniger Nährboden und Platz zum Wachsen. **Wer Angst als eine von vielen Emotionen und Zweifel als einen kleinen Teil der menschlichen Erfahrung annimmt, kann sie**

**wie jede andere Emotion auch irgendwann gehen lassen.** So wird man ein paar Tage später relativ glücklich aufwachen, mit Freude den ersten Kaffee des Tages trinken und wahrscheinlich erst beim nächsten Tief bemerken, dass man in letzter Zeit ein Hoch erlebt hat.

Sich das in Erinnerung zu rufen, zu wissen, wie oft meine Angst nur eine Angst war und nicht Realität wurde, wie oft ein Gedanke nur ein Gedanke war – das hat mir das Leben gerettet. Akzeptanz.

Ganz spezifisch bedeutet das zum Beispiel: Habe ich Angst, dass Sebastian und ich nichts mehr zu reden haben, weil wir einen Abend keine Gesprächsthemen finden, hätte das früher in Panik, *Overthinking* und tagelangen Zweifeln geendet. Heute akzeptiere ich die Stille genauso wie meine Angst, die dazukommt. Und beim nächsten Gespräch, das Stunden dauert, merke ich, wie diese Akzeptanz mich zu diesem Punkt gebracht hat. Und so ist meine Angst immer leiser und mein Leidensdruck kleiner geworden.

Die Bindungsforschung belegt, dass man mit der Zeit sicherer wird, wenn man mit einem sicheren Bindungstypen zusammen ist.[7] Aber was ist mit Paaren, die beide unsicher (vermeidend/ängstlich) gebunden sind?

Für beide Bindungstypen gilt: Sich ein sicheres Vorbild zu suchen, kann helfen. Sich vorzustellen, wie Menschen handeln, die sicher gebunden sind, seien es Eltern, Großeltern, Geschwister oder Freund*innen, sich ihr Verhalten in prägnanten Situationen ins Gedächtnis zu rufen und eventuell sogar aufzuschreiben, welche Eigenschaften man von ihnen übernehmen will, kann motivieren. Hier ein paar Beispiele für solch ein mögliches Vorbildverhalten:

- *Ich möchte für meine Beziehungsperson da sein und ihr den Rücken stärken.*
- *Ich möchte meine Bedürfnisse klar kommunizieren und meinem Gegenüber nichts vorspielen.*
- *Ich möchte bei einem Konflikt nicht verallgemeinern und Streit schlichten lernen.*

Auch eine sogenannte Bestandsaufnahme der Beziehung vorzunehmen, kann helfen. Das heißt, sich alte und gegenwärtige Beziehungen anzuschauen und Fragen wie diese zu stellen:

- *Wie war die Beziehung? Gab es Muster? Wie habe ich reagiert? Gehandelt? Gefühlt?*
- *Welche Situationen haben bei mir mein bindungsängstliches Verhalten (Nähe/Flucht) ausgelöst?*
- *Was für Grundsätze über mich und Beziehungen habe ich in mir? Inwiefern schade ich mir selbst damit, diese umzusetzen?*
- *Welche sicheren Grundsätze könnte ich in Situation xy, die mein bindungsängstliches Verhalten auslöst, umsetzen?*

Sich in Zukunft in Angstsituationen aus dem normalerweise ausgelösten Bindungsverhalten herauszulösen und immer und immer wieder zu üben, das zu machen, was ein sicherer Bindungstyp machen würde, führt in die richtige Richtung.

Ganz konkret habe ich einige persönliche Tipps für zwei der drei unsicheren Bindungstypen zusammengestellt, mit denen ich eigene Erfahrungen gemacht habe.

## ÄNGSTLICHER BINDUNGSTYP

- *Beruhigung:*
  Finde eine Methode, dir selbst die Angst zu nehmen, dich zu beruhigen und dir Sicherheit zu geben.
- *Selbstliebe:*
  Realisiere dein Potenzial und wie toll du bist. Dich zu verlieren, wäre ein Verlust, und du wirst immer dich haben, das ist ein unglaublicher Gewinn für dich.
- *Unabhängigkeit:*
  Arbeite an deiner emotionalen Abhängigkeit. Machst du dein ganzes Leben von einer Person abhängig und vernachlässigst dein eigenes, ist es klar, dass du Angst hast, die Person zu verlieren. Dem Thema widme ich noch ein ganzes Kapitel.
- *Kommunikation:*
  Rede mit deiner Beziehungsperson nicht nur über Ängste, sondern auch über Lösungen. Was gibt dir Sicherheit? Ist es der Kuss vor dem Abschied? Die Guten-Morgen-Nachricht? Die feste Umarmung nach einem Streit? Bleibe dabei selbstreflektiert und mute deinem*deiner Partner*in nicht zu, Hobbys oder Freund*innen aufzugeben, weil es dir dann besser gehen würde, denn die oft gut getarnten *Boundaries* (Grenzen) sind meist Verbote, die auf eigenen Unsicherheiten beruhen.
- *Therapie:*
  Suche dir therapeutische Hilfe! Und wenn das allein zu schwer ist, frage deine Familie, deine Beziehungsperson oder deine Freund*innen, ob sie deine Hand halten und mit dir ein paar Anrufe tätigen.

## VERMEIDENDER BINDUNGSTYP

- *Nähe:*
Übe es, dich fallen zu lassen. Situationen, die du sonst eher vermeidest, können dir helfen, zu merken, dass Nähe zuzulassen keine Gefahr bedeuten muss. Anstatt nach einem Clubabend nach Hause zu gehen, weil du »niemandem zur Last fallen willst«, schlaf bei deinem*deiner besten Freund*in. Anstatt den Streit mit deinen Eltern mit dir auszumachen, rufe eine*n gute*n Freund*in an und heule dich mal so richtig aus. Anstatt für dich zu behalten, was du gerade fühlst, weil du denkst, keiner hört zu, bringe dich in ein Gespräch mit der Familie ein. Übe die Nähe.
- *Selbstliebe:*
Mach dir klar, dass du es wert bist, geliebt zu werden. Menschen wollen dir nah sein und verlassen dich nicht, nur weil du fehlerhaft bist, das ist nämlich jede Person auf dieser Erde.
- *Offenheit:*
Anstatt dich zu verschließen oder deine Emotionen runterzuschlucken, rede mit deiner Beziehungsperson über deine Ängste. Die Offenheit wird dir, wo du dich gerade noch so eingeengt fühlst, Platz zum Atmen geben. Du musst nicht alles allein durchstehen.
- *Therapie:*
Auch hier gilt: Suche dir therapeutische Hilfe! Und wenn das allein zu schwer ist, frage deine Familie, deine Beziehungsperson oder deine Freund*innen, ob sie deine Hand halten und mit dir ein paar Anrufe tätigen.

Diese Tipps beziehen sich darauf, wie man vorgehen kann, wenn man selbst einem dieser Typen entspricht. Doch was kann man als Partner*in tun, um zu helfen?

## DIE BEZIEHUNGSPERSON HAT EIN ÄNGSTLICHES BINDUNGSVERHALTEN

- *Sei ein Vorbild und lebe selbst sichere Verhaltensweisen vor.*
- *Kommuniziere den Wunsch nach Abstand ruhig und mit dem Hinweis, dass dieser nichts mit der Beziehung zu tun hat.*
- *Erfrage, was bei deiner Beziehungsperson Sicherheit gibt, und mache es, wenn du Kapazitäten dafür hast, öfter.*
- *Versuche bei Streit das Verhalten deines Gegenübers zu kritisieren, nicht die Person selbst. Nicht »Ich finde dich gerade so blöd«, sondern »Das, was du da machst, ist gerade echt blöd«.*
- *Sprich offen über Glaubenssätze und Verhaltensmuster der Beziehungsperson und visualisiert gemeinsam alternative Wege.*
- *Suche gemeinsam mit der Beziehungsperson einen Therapieplatz.*

## DIE BEZIEHUNGSPERSON HAT EIN VERMEIDENDES BINDUNGSVERHALTEN

- *Sei ein Vorbild und lebe selbst sichere Verhaltensweisen vor.*
- *Lasse der Person ihren Freiraum, ihre Freund*innen und ihre Hobbys.*
- *Erfrage Nähe und Zweisamkeit und entscheide nichts über ihren Kopf hinweg.*
- *Sprich über Situationen, die zur Aktivierung des bindungsängstlichen Verhaltens (Flucht) führen.*

- *Erarbeitet gemeinsam offen Glaubenssätze und Verhaltensmuster, und sprecht darüber, wie diese zu sicheren Verhaltensmustern programmiert werden können.*
- *Suche gemeinsam mit der Beziehungsperson einen Therapieplatz.*

Rufen wir uns die Geschichte vom Anfang in Erinnerung, bei der ich keinen Augenblick Ruhe gefunden habe, als Sebastian auf der Arbeit war. Panik, Unsicherheit, Angst. Wie sieht das heute aus?

Die ganze Situation in unserer gemeinsamen Wohnung in Freiburg ist zum Zeitpunkt, an dem ich das hier schreibe, vier Jahre her. Heute Morgen haben Sebastian und ich gemeinsam Kaffee mit Hafermilch (ja, an den Geschmack habe ich mich inzwischen gewöhnt) in unserer Wohnung in Stuttgart getrunken. Eine halbe Stunde später ist er ins Büro eines anderen Start-ups gefahren, bei dem er jetzt nicht mehr Teilzeit, sondern sogar Vollzeit arbeitet. Ich habe ihm zum Abschied einen Kuss gegeben und gesagt, dass ich ihn liebe und er auf sich aufpassen soll. Danach habe ich mir entspannt Frühstück zubereitet, das mein Magen sehr gern aufgenommen hat, mich geduscht und ans Schreiben gemacht.

Kein Herzrasen, keine Verlustangst, kein »sich unruhig fühlen«, kein »dauernd aufs Handy starren« und kein »mich selbst vor lauter Sebastian vergessen«.

Und ich bin davon überzeugt, dass du das auch irgendwann schaffst.

# OHNE MICH KEIN WIR

## Wie emotionale Abhängigkeit unsere Beziehung gefährdete

2021 saßen Sebastian und ich auf dem Bett in meinem Zimmer in einer Sechser-WG, in der mein kleines Reich eher spärlich eingerichtet war. Neben einem kleinen Regal, das ich in der »Zu verschenken«-Rubrik auf eBay ergattert hatte, und einer Yogamatte mit passenden Yogablöcken beinhaltete es nur noch ein paar Pflanzen. Wir redeten darüber, wieso wir gerade eigentlich in Nürtingen leben, einer 40 000-Einwohner*innen-Stadt, in der es mehr Optiker*innen als Brillenträger*innen gibt, und nicht in Rom, einer atemberaubenden Metropole, in der an jeder Ecke ein Weltkulturerbe wartet, um von uns bestaunt zu werden. Seit Corona unser aller Leben verändert hatte, studierten wir sowieso nur noch online, und nachdem wir aus Freiburg in WGs in die Nähe unserer Familie gezogen waren, hatten wir es langsam satt, das Geschirr anderer zu spülen und den Putzplan, den sowieso niemand einhielt, immer und immer wieder zu erneuern.

Wir haben Träume schon immer gerne in die Realität verfrachtet, und anstatt lange darüber nachzudenken, stand nach der Frage des Wieso schnell der Laptop auf meinen Schenkeln, und wir hatten zwei Bier sowie die Website von Airbnb geöffnet. Drei Monate später luden wir die letzte Kiste mit unserem Hab und Gut in den Kofferraum unseres VW Touran und machten uns auf den Weg Richtung Rom. Und, ja, es stimmt, mindestens in jeder Straße MUSS man das Handy zücken und ein Foto machen, denn: *Oh mein Gott, ist das schön*. Nach einem Monat war uns klar: Bis das Weihnachtsfest uns wieder zu unseren Liebsten treibt, gehen wir hier nicht mehr weg. Und obwohl wir am allerliebsten direkt zum Jahresbeginn wieder nach Rom zurückgekehrt wären, entschieden wir uns dazu, aus Rom Barcelona und am liebsten danach Paris und dann Prag und eventuell noch Lissabon werden zu lassen. Aber wie wir so sind, kamen wir erst sechs Monate später aus Barcelona wieder zurück nach Deutschland. Die Großstadt am Meer war einfach zu schön, um sie gegen eine andere Stadt einzutauschen, und Weihnachten war nirgendwo in Sicht gewesen, also freie Fahrt, um länger im warmen Süden Europas zu bleiben.

Im Juni 2022, zurück in der Heimat, waren wir ohne Bleibe. Unsere WG-Zimmer hatten wir, um Mietkosten zu sparen, aufgegeben, also musste etwas zur Zwischenmiete her, denn ernsthafte Pläne, was jetzt die nächsten Monate passieren sollte, hatten wir nicht. Nur dieses Bedürfnis tief in uns drin zurückzukehren. Um das Metropolenleben nicht zu 100 Prozent aufzugeben, suchten wir uns also im Sommer 2022 etwas zur Zwischenmiete in Stuttgart. Fischgrätenparkett, der nächste Park nur fünf Minuten zu Fuß entfernt, die ersten Bars 15 Minuten mit der U-Bahn und die Familie eine Dreiviertelstunde mit dem Auto – gesucht, gefunden. 45 Minuten, nah genug, um für ein Wochenende nach Hause zu fahren, aber nicht nah genug, um das jedes Wochenende von uns zu erwarten. Und was nach den drei Monaten passieren würde, wer weiß?

Das Sofa im lichtdurchfluteten und großen Wohnzimmer unserer Wohnung auf Zeit war klein und eher unbequem, der Teppich davor umso gemütlicher. Also fand man Sebastian und mich oft auf den Fransen liegend, so auch an diesem heißen Sommernachmittag im August. Von draußen hörte man den Nachbarn den Rasen mähen, ein Auto, vollgepackt mit Kindern, versuchte, in unserer Straße einen Parkplatz zu finden, und die Sonne strahlte nur in kleinen Streifen durch unsere halb runtergelassenen Rollläden. Sommer eben.

In der Wohnung herrschte allerdings eher eine Krisenstimmung. Ich hatte PMS, prämenstruelles Syndrom, die Zeit ein bis zwei Wochen vor der Periode, bei der, zumindest bei mir, alles kopfsteht. Kopfweh, Rückenweh, Energietief. Und als ob das noch nicht genug ist, streikt auch der Geist in dieser Zeit. Antriebslos, geladen und voller Zweifel in alle Richtungen. Und auch wenn die meisten Menschen denken, diese Zeit sei vor allem für den*die Partner*in anstrengend – glaubt mir, es ist definitiv anstrengender für die Person, die durch das alles gleichzeitig und jeden Monat aufs Neue navigieren muss. Und genau darum ging es auch in dem Streit, den Sebastian und ich an diesem 30-Grad-Nachmittag hatten.

Ich ging an diesem Tag mit Stimmungsschwankungen und im Wechsel mit dem Staubsauger und einem Lappen in der Hand durch die Wohnung, denn wenn es mir nicht gut geht, fange ich an zu putzen, und dass es keine neue Folge meines Lieblingspodcasts gab, weil ich die aktuellste schon gehört hatte, war für mich unerträglich. Wahrscheinlich war es bloß eine klitzekleine Kleinigkeit, die Sebastian und mich zum Diskutieren trieb, aber als wir diese Diskussion erfolgreich hinter uns gebracht hatten, ging es erst richtig los.

Ich fing an, mich mit meinem weiblichen Zyklus zu rechtfertigen, und forderte mehr Verständnis ein. Wenn Sebastian erkältet ist, kümmere ich mich auch um ihn, und ich muss jeden

Monat Schmerzen und Gefühlschaos hinnehmen, ohne mir irgendetwas anmerken zu lassen? Es ist doch wohl klar, dass das Auswirkungen auf meine Außenwelt hat und ich daran nicht immer etwas verändern kann. Sebastian war anderer Meinung, ihm ging es darum, dass er sich gern kümmern wollte, aber auch nur, wenn ich meine Schmerzen und meinen Missmut nicht an ihm auslasse. Wenn er erkältet ist oder Rückenschmerzen hat, fragt er mich ja auch lieb nach einem Tee und schreit nicht danach. Ich erwiderte, dass das bei der Art von Stress, die er meint, anders ist. Ist er gestresst von der Arbeit, versuche ich oftmals, ihm entgegenzukommen, auch emotional, falls er sich mal im Ton vergreift oder nicht weiß, wohin mit seiner Belastung.

So ging das dann hin und her, her und hin, Beispiel um Beispiel, Erklärung um Erklärung, bis Sebastian um Abstand bat und sich ins dunkle und angenehm kalte Schlafzimmer verzog. Das macht er gern und ich mag das gar nicht. Zumindest war das früher so. Ist er damals aus dem Zimmer, in dem wir gestritten haben, rausgegangen, bin ich ihm hinterhergelaufen. Ging die Tür hinter ihm zu, machte ich sie wieder auf. Wollte er bei einem Spaziergang den Kopf freikriegen, rief ich mindestens zehn Mal an.

Aber dieses Mal, nichts. Er ging, ich blieb.

Innerlich verletzt und aufgewühlt, setzte ich Wasser auf und machte mir, ohne ihn zu fragen, ob er auch eine Tasse möchte (was ich früher als Aufhänger, um den Abstand zu durchbrechen, verwendet hätte), einen Früchtetee. Ich setzte mich auf den flauschigen Teppich, klappte den Laptop auf, der Netflix-Sound ertönte und ich sah mir eine neue Romcom (romantische Komödie) mit viel Herz und Emotionen an. *Diesen Nachmittag lasse ich mir nicht versauen.*

Ungefähr eine Stunde später klopfte es an der Wohnzimmertür und nach meinem »Herein!« steckte Sebastian sein Gesicht mit einem kleinen Schmollmund durch den 30-Zentimeter-Spalt. Doch anstatt sich zu entschuldigen oder über unser Streitthema zu sprechen, fragte er mich verwundert, wieso ich denn nicht zu ihm gekommen war. Ganz überrascht von meiner Reaktion, ihm nicht hinterherzurennen, hatte er den eigentlichen Streit vergessen und sich über mein Streitverhalten Gedanken gemacht. Mit offenem Mund starrte er auf den Bildschirm und erkannte, dass ich anscheinend entspannt einen Film geschaut hatte, während er genauso entspannt auf YouTube unterwegs gewesen war. Für ihn nichts Neues, für mich jedoch was ganz Großes.

In den letzten Jahren ist der Abstand zwischen Sebastians Abstandeinfordern und meinem Abstanddurchbrechen immer größer geworden. Anfangs waren es Sekunden, irgendwann Minuten, eventuell mal eine halbe Stunde, aber dass ich eine Stunde nicht auf ihn zukomme und dabei weder, laut auf mich aufmerksam machend, weine oder lautstark vor der Schlafzimmertür den Schlüssel suche und meine Schuhe anziehe, um mich theatralisch auf einen Spaziergang vorzubereiten und ihm davor zu schreiben »Ich muss dringend mal raus hier«, war einfach ungewohnt für ihn. Ich lebe mein Leben einfach weiter, obwohl unser Streit nicht geklärt ist? Hier muss es einen Fehler in der Matrix geben, anders ist das nicht zu erklären. Und den gibt es ja auch, wenn man all die üblichen Muster, Gewohnheiten, Bindungstypen und Prägungen, die einen wie automatisch im Griff haben, bis man sie irgendwann durchbricht, als den »Code« unserer persönlichen Matrix betrachtet.

Ich glaube nicht mal, dass es Sebastian negativ aufgefallen ist, aber es ist ihm eben aufgefallen. Und mir auch.

»Ich erinnere mich noch sehr gut an die Situation, trotz des Spatzenhirns, das mir meine Tante vor wenigen Tagen attestiert hat. Vielleicht deshalb, weil dieser Moment so anders als erwartet war: völlige Verwunderung, aber auch Dankbarkeit dafür, die für mich nötige Zeit zu haben, mir meine Gedanken über den vorangegangenen Streit zu machen, statt des gewohnten lang anhaltenden Diskutierens, bis einer von uns beiden mehr Wert in der Versöhnung als dem Streit sehen kann. Für diese Entwicklung bin ich sehr dankbar.« – Sebastian

Er kam rein, und wir redeten voller Erstaunen darüber, aber weil uns dieses Gespräch nicht gereicht hat, haben wir uns Pasta gekocht, sie in Tupperdosen verstaut und sind zum Schloss Solitude gefahren, einer kleinen gelben Schönheit, zu der eine Allee führt und bei der man von einer Wiese aus den Sonnenuntergang über Stuttgart sehen kann.

Ich weiß es noch, als wäre es gestern gewesen, denn das Erste, was Sebastian mich während unseres Abendpicknicks fragte, war, ob ich ihn noch lieb habe. Ich kann den Gedanken verstehen: Jahrelang möchte man Abstand, wenn es in Diskussionen kompliziert wird, damit man seine Gedanken sortieren und mit klarem Kopf auf die*den andere*n zugehen kann. Jahrelang wird einem dieser Abstand nicht gewährt und das damit begründet, dass man eben so sehr geliebt wird, dass man keinen Abstand und keine Sekunde Disharmonie zulassen kann. Und jetzt ist es egal? Jetzt kann ich Distanz zulassen? Was hat sich verändert? Vielleicht sind es ja die Gefühle?

Und, ja, es hat sich was verändert, und das ist auch nicht zu 100 Prozent von Gefühlen abzutrennen, aber es war schon seit Jahren überfällig. Ein Teil des »Codes meiner Matrix« wurde umgeschrieben – meine emotionale Abhängigkeit.

Jahrelang konnte ich meine Stimmung nicht von Sebastians trennen. War er schlecht drauf, habe ich das auf mich projiziert, hatte er keine Zeit, dachte ich, er will mich nicht sehen, schrieb er ohne Emojis, schlussfolgerte ich, dass etwas zwischen uns nicht stimmt, und wollte er etwas Freiraum, war für mich die Trennung ganz nah. Der einzige Mensch, der diese Gedanken stoppen konnte, war Sebastian. Und das auch nur, bis der nächste Moment des Zweifelns kam. Glücklich sein konnte ich einzig und allein, wenn wir zusammen waren. *Wieso soll ich etwas ohne meinen Freund unternehmen, wenn ich auch etwas mit ihm erleben kann?*, habe ich mich oft gefragt, und wenn er nicht bei mir war, spürte ich bis zu seinem Eintreffen eine tiefe innere Leere. Eine Zukunft ohne ihn war unvorstellbar, so unvorstellbar, dass nur die Vorstellung allein mir die Farbe aus dem Gesicht gezogen hat. Meine Freund*innen habe ich vernachlässigt, gesehen habe ich sie nur noch, wenn Sebastian dabei war. Denn *mit ihm ist immer alles noch schöner*. Hat er mir nicht zurückgeschrieben, hatte ich Angst um ihn und sein Wohlergehen, und besonders schöne Nachrichten habe ich mir auf WhatsApp mit einem Stern markiert, um sie mir später in Momenten des Zweifelns anzuschauen.

Und auch wenn Sebastian nicht im gleichen Maße abhängig war wie ich, hat auch er durch unsere Jugendliebe, die so toll und einzigartig ist, viele Entscheidungen von mir abhängig gemacht. Meine Träume wurden seine, seine Hobbys hat er schleifen lassen, dafür meine ausprobiert, und vegan ist er geworden, weil ich ihm Dokus gezeigt habe. Irgendwann hat er sich gefragt: *Wer bin ich eigentlich ohne Johanna?*

»Im Nachhinein betrachtet, ist diese Frage vielleicht der Grund, warum wir noch heute ein Paar sind.« – Sebastian

Ich glaube, der einzige Unterschied lag in unserer Reaktion auf diese Abhängigkeit und gründete in unseren Bindungstypen. Meine Abhängigkeit hat sich mehr in Angst, Verzweiflung und Klammern geäußert, während bei ihm der Wunsch nach Individualität und Freiraum gewachsen ist. Das hat sich natürlich gegenseitig bedingt. Hat er Freiraum angekündigt, habe ich einen halben Nervenzusammenbruch bekommen. Habe ich geklammert, wollte er mehr Freiraum. Und so ging das immer im Kreis. Schön. Nicht.

Zusammengekommen mit 16, jeden Tag im selben Freundeskreis abgehangen, jeden zweiten beieinander übernachtet, das erste Mal zusammen sieben Monate auf eigene Faust nur mit einem Rucksack durch Südostasien, danach direkt aus dem Elternhaus in die erste gemeinsame Wohnung drei Stunden entfernt von zu Hause, dasselbe Studium gewählt und auch in der neuen Stadt die gleichen Freund*innen – seit 2015 verging kaum eine Woche, in der wir mehr Zeit getrennt als gemeinsam verbracht haben.

Sebastians Abschlussfahrt im Jahr 2016 war für mich die Hölle, dauernd habe ich ihn angerufen, Tagebuch darüber geschrieben, wie schlecht es mir geht, und ihm keine Ruhe gelassen. Ein Jahr später bei meiner Abschlussfahrt ist er deshalb sogar mit Freund*innen mit nach Prag angereist, sodass wir uns abends alle zusammen treffen und deshalb nicht getrennt voneinander sein mussten. Süß? Verrückt? Verliebt oder abhängig? Vielleicht alles ein bisschen. Und das ist auch okay, aber nicht für immer.

Mit niemandem haben wir so viel geteilt. Haare halten auf jeder Party, weil man mit 17 noch nicht weiß, wie viel Wein man verträgt. Die wichtigste Begleitperson auf dem Abschlussball und davor das Plakat mit Glückwünschen und Liebesbekenntnissen, das man an die Schule der*des anderen gehängt hat, bevor dieser zu den Abiprüfungen angetreten ist. Die Depressionen seiner Mutter, die Scheidung meiner Eltern, die Yogaausbildung in Indien und die Suche nach dem Sinn. Stundenlange Gespräche über unsere individuelle Vergangenheit, die aktuelle Gegenwart und unsere gemeinsame Zukunft. Darüber, wie klein die Erde ist und wie groß unsere Liebe. **Aber irgendwo auf diesem gemeinsamen Weg haben wir vor lauter WIR das ICH vergessen. Vor lauter Zusammenwachsen aus den Augen verloren, wer wir überhaupt sind, wenn wir nicht zusammen sind.** Und daran ist unsere Beziehung auch fast zerbrochen.

2020 saßen wir im Auto, Sebastian ist gefahren wie immer, denn ich hatte auch mit 22 noch keinen Führerschein. Wir schrien, stritten und weinten, bis ich sagte, dass wir uns doch einfach trennen sollten. Ich stieg aus dem Auto, knallte die Tür zu und Sebastian fuhr davon.

Und da fing meine Reise zur Unabhängigkeit so richtig an. Schmerzhaft und hart, aber es hat sich gelohnt, denn sonst würde Sebastian gerade nicht einen Raum weiter in unserem gemeinsamen Schlafzimmer sitzen, während ich dieses Buch schreibe.

Heulend habe ich damals meine Cousine und beste Freundin angerufen, die Sebastian und mich jahrelang eigentlich nur im Doppelpack bekommen hat (ein guter Indikator für unsere Abhängigkeit), und ihr unter Tränen erzählt, dass wir uns getrennt haben. Einen Tag später, auf einem Treffen mit Freund*innen – zu meinem Glück konnten wir uns wegen der verknüpften Freundeskreise kaum aus dem Weg gehen –, sah ich Sebastian schon wieder, und auf der Türschwelle bei der Party sagte er mir, dass er erst mal eine Beziehungspause brauchte. Ich war davon ausgegangen, dass das nur ein Streit von vielen ist, nach dem wir uns wieder zusammenraufen, und so war ich am Boden zerstört.

Wir entschieden uns dazu, dass er zurück in unsere Wohnung nach Freiburg und ich übergangsweise zu meiner Mutter ins Gästezimmer ziehen würde. Wir verabredeten keinen bestimmten Zeitraum, sagten uns aber, dass wir diese Pause zum Nachdenken und Reflektieren nutzen wollten. *Schaffen wir es, gemeinsam individuell zu wachsen? Kann ich meine Ängste in den Griff bekommen? Müssen wir uns trennen, um uns irgendwann wiederzufinden? Wollen wir überhaupt noch zusammen sein oder ist das alles Bequemlichkeit?*

Die letzte Frage war schnell geklärt, denn auch wenn wir unsere Probleme hatten, hatten wir auch eine offene und ehrliche Kommunikation, romantische Dates voller Liebe, Sicherheit beieinander und die gleichen, gemeinsamen Zukunftsträume.

Die zwei Wochen, bis wir uns wiedersahen, waren geprägt von meiner Unfähigkeit, allein glücklich zu sein. Ich habe nicht nur geweint, ich habe geschrien. Ich habe nicht schlecht, sondern gar nicht geschlafen und an Essen war vor lauter Übelkeit nicht einmal zu denken. Bis mir nach ein paar Tagen, den Kopf in der Pose des Kindes auf der Yogamatte, unter mir eine Pfütze von Tränen, klar wurde, dass ich so nicht weiterleben kann. Wie kann ich jemals Vertrauen ins Leben finden, wenn es von einem Mann, einem anderen Menschen abhängig ist, den man niemals wird kontrollieren können? **Die einzige Person, die ich halbwegs selbst unter Kontrolle habe, bin ich. Also muss ich anfangen, selbst die Person für mich zu sein, die mich auffängt. Die Person, die mir beweist, dass das Leben lebenswert ist, die lernt, sich selbst zu vertrauen und sich selbst glücklich zu machen. Denn ohne mich kein wir!**

Das war nicht das erste Mal, dass ich das gedacht habe, auch nicht das erste Mal, das ich es mir vornahm, aber das erste Mal, dass es in mir irgendwo ganz tief *klick* gemacht hat.

Einen Tag später habe ich Sebastian eine Rose in unsere Wohnung in Freiburg geschickt, woraufhin er mir ein Bild über WhatsApp sendete, wie er an ihr riecht, und eine Woche danach haben wir uns getroffen, um zu reden. Uns beiden war klar, wir wollen das Leben gemeinsam leben. Wir wollen das schaffen, aber manchmal reicht wollen nicht, manchmal muss man machen, arbeiten, handeln. Also war eine der ersten Amtshandlungen, unsere gemeinsame Wohnung zu kündigen und uns in unterschiedlichen WGs in Nürtingen, nah bei unserer Familie, zu bewerben. Die Erfahrung, allein zu leben, ein Zimmer nur nach den eigenen Vorstellungen einzurichten, mal eine Nacht allein im Bett zu schlafen oder der Vorlesung online ohne die*den andere*n beizuwohnen – diesen Abstand, diesen Raum brauchten wir, um unser ICH unter dem Haufen WIR wieder rauszukramen.

Einen Monat später, nachdem wir unser Klavier zu fünft in den kleinen Transporter verfrachtet hatten, sagten wir *tschüss* zu Freiburg und *hallo* zur neuen Herausforderung.

Manche denken vielleicht gerade, das sei ein Schritt in die falsche Richtung. Nach dem Zusammenziehen kommen doch Hund, Haus, Kind. **Nicht bei allen Menschen verläuft das Leben linear und das muss es auch nicht.** Dieses Auseinanderziehen war das Beste, was wir tun konnten, um unsere Beziehung zu retten, und für uns ein Schritt in die richtige Richtung. Ein Schritt nach vorn, der uns ermöglicht hat, jetzt in einem gesunden Maße abhängig zu sein.

> »Wir sollten keine Angst davor haben, auch die schwierigen Schritte zu gehen. Wir sollten dem Gegenüber erlauben, das Beste aus sich herauszuholen und für sich selbst zu erkennen, ob das Beste bedeutet, zusammen oder getrennt zu sein.« – Sebastian

Aber wie genau bin ich von »keine zwei Stunden ohne den Freund aushalten und weinen, wenn er Zeit für sich braucht« dazu gekommen, im Internet Tipps zum Thema Unabhängigkeit zu geben und darüber ein Kapitel in einem Buch über meine Beziehung zu schreiben?

Das hier sind meine ganz persönlichen acht Tipps, um unabhängiger in einer Beziehung zu werden.

- *Allein sein*
  Der offensichtlichste, aber wichtigste Tipp von allen. Such dir ein Hobby oder nimm ein altes, das du vernachlässigt hast, wieder auf. Jetzt denken sich alle *Das habe ich schon versucht, aber ich kann einfach nicht, nichts macht mir Spaß*. Ganz offen hier mal unter uns: Wer hat gesagt, dass es Spaß macht, aus einer Abhängigkeit rauszukommen? Es klingt hart, aber dieser Prozess *ist* hart und ganz sicher nicht einfach. Man wird nicht ein Mal Kuchen backen, dabei einen Podcast hören und sich dann denken: *Hä, wieso mache ich das nicht immer, anstatt was mit meinem*meiner Freund*in zu unternehmen?* Es wird viel eher jedes zweite Mal, wenn man versucht, was für sich zu machen, der Moment kommen, in dem man sich selbst doch stehen lässt und auf die Nachricht »Bin früher mit der Arbeit fertig, sollen wir uns treffen?« sofort die Tasche packt und losrennt. Es wird viel eher total unruhig im Kopf sein, während man allein im Café sitzt und zum zehnten Mal die gleiche Seite liest, weil das Einzige, an das man denken kann, die Beziehungsperson ist und was sie eigentlich gerade so macht. Man wird viel eher fünf verschiedene Hobbys ausprobieren und bei keinem die Motivation haben dranzubleiben und sich denken, dass das alles eh keinen Sinn hat. Aber glaub mir: **Nach dem fünften, siebten oder zehnten fehlgeschlagenen Hobby wartet eins, das dein inneres Kind zum**

**Vorschein bringt.** Beim dritten, achten oder vielleicht auch erst zwölften angefangenen Buch wird es dich so mitreißen, dass der teure Kaffee im Café nebenan kalt wird, weil du vergessen hast, ihn zu trinken, und bei der 20. WhatsApp-Nachricht, ob du doch Lust hast, was zu unternehmen, wirst du dir denken *Nö, ich hab Lust, diesen Kuchen zu backen.* Und diese Momente sind Gold wert. Diese Momente fühlen sich nach Leben, fühlen sich nach Stärke an. **Der einzige Weg, allein sein zu lernen, führt mitten durchs Alleinsein hindurch.** Also melde dich zum Yogakurs an, gehe im Regen spazieren, kaufe dir einen fesselnden Roman oder spiel mal wieder Tennis. Egal, was es ist, mach es so lange, bis die Schwere von dir abfällt und dir Platz für ganz viel Leichtigkeit lässt.

»Wie schön es ist, in Johannas Augen zu blicken, wenn sie von einem Abend mit ihren Freundinnen nach Hause kommt oder mit strahlenden Augen vom Töpferkurs erzählt. Das tut nicht nur ihr gut, sondern ist für mich auch immer ein Grund, mit ihr zusammen glücklich zu sein. Irgendwie gibt uns Zeit allein auch immer eine positive Energie für unsere gemeinsame Zeit. Das ist zwar nicht der Zweck, aber ein positiver Nebeneffekt.« – Sebastian

- *Sich eine Zukunft ohne den*die Partner*in vorstellen*
  Es mag zuerst kontraproduktiv klingen, aber diese Horrorvorstellung in eine Idee von Schönheit umzuwandeln, kann so viel verändern. Setz dich hin und schreibe dir deine Ziele auf. Was willst du vom Leben, abgesehen von einer Beziehung? Die Welt sehen und neue Erfahrungen sammeln? Einen Garten voller selbst angebautem Gemüse haben? Öfter ins Kino gehen und sich alleine das große Popcorn gönnen? Mal einen Roadtrip durch Europa machen und im Auto schlafen? Täg-

liche Waldspaziergänge mit Hund? Vorm Kamin sitzen mit einem Kaffee in der Hand und einem guten Buch?

Stell dir vor, wie du glücklich bist, wie du von Herzen lachst bei all diesen Dingen. Denn wie kann man eine Abhängigkeit loslassen, wenn der Verlust der Person bedeuten würde, dass die Zukunft schwarz ist? Wenn man denkt, dass ohne sie nichts Gutes mehr da wäre? Wenn man denkt, dass das eigene Leben sinnlos wäre, wenn diese eine Person nicht darin vorkommt? **Du bist die einzige Person auf dieser Welt, die mit 100-prozentiger Wahrscheinlichkeit für immer bei dir bleiben wird.** Also solltest du nicht auch die Person sein, die dich auffängt, wenn du fällst? Ich habe mir eine Last von den Schultern genommen und Vertrauen zu mir aufgebaut, allein dadurch, mir selbst eine Zukunft zu gönnen, in der ich das Beste aus allem machen kann, weil ich mich habe.

- *Sich selbst beruhigen lernen*

  Die einzige Person, die mir lange Zeit meine Angst nehmen konnte, war Sebastian. Aber was, wenn er nicht da ist? Sich selbst die Angst nehmen zu können, das eigene Auffangnetz zu sein, sich selbst Sicherheit geben zu können, ist eine der stärksten Ressourcen, die ein Mensch haben kann. Was bedeutet das? Ich möchte dir Übungen vorstellen, die helfen können, Angst und innere Unruhe zu lindern.

  - *Die 4-7-8-Methode*

    Spürt man Panik aufkommen, zählt man bei der Einatmung im Kopf bis vier, hält den Atem an und zählt dabei bis sieben (wenn das am Anfang nicht geht, ist das auch okay) und zählt am Schluss bis acht bei der Ausatmung. Das ganze vier Mal wiederholen. Diese Atemtechnik lindert nachweislich Stress und versetzt den Körper in einen entspannteren Zustand. Die Methode kommt aus dem Yoga und soll eine natürliche Beruhigung des Nervensystems bewirken.[8]

- *Klopftechnik*
  Tief durch die Nase ein und langsam ausatmen, dabei im Wechsel mit beiden Armen überkreuzt mit der flachen Hand auf die gegenüberliegende Schulter klopfen, so schnell und so stark, wie es sich gut anfühlt. Diese Methode stammt aus der Traumatherapie, wurde von Lucina Artigas als »Schmetterlingsumarmung« entwickelt und wird auch in der Therapie von Traumata und Angststörungen angewendet.[9]
- Journaling *oder auch: alles rausschreiben, was ihr fühlt*
  Mache dir eine WhatsApp-Gruppe auf oder kaufe dir ein Notizbuch nur für solche Anlässe. Schreibe alles nieder, was du denkst, lass es raus ohne Struktur. Dieses Niederschreiben der Gedanken kann die Last nehmen und auch helfen, das Wirrwarr im Kopf zu ordnen.
- *Lieblingsserie oder -film schauen*
  Ob *Modern Family*, *New Girl* oder *The Office* – schaue ich diese Serien zum fünften Mal erneut von vorn, fühle ich mich weniger allein. Das liegt daran, dass man die Charaktere kennt und ihre nächsten Schritte nicht nur erahnen, sondern durch das mehrfache Schauen sogar vorhersagen kann. Durch dieses Wissen hat man ein Gefühl der Kontrolle, was einem bei Angstgedanken oft fehlt, und das *Binge-Watching* führt außerdem zur Ausschüttung von Dopamin.
- *Romantisieren*
  Schieb dir nicht nur die Fertigpizza in den Ofen, sondern koche dir was Schönes. Sitz nicht im Dunkeln, sondern mach die Lichterkette und die Kerzen an. Sich obwohl oder gerade weil man allein ist, das Leben schön zu machen, führt zu einem Gefühl der Wertschätzung, die man sich selbst gegenüber zeigt.

Wie ich schon im ersten Punkt beschrieben habe, ist Alleinsein am Anfang dieser Reise oft nicht so leicht wie erhofft. Dabei können diese Übungen und Tipps helfen. Für mich war der schönste Moment, als ich mit einer selbst gekochten Suppe auf der Couch saß, eine neue Serie angefangen und im tiefsten Inneren gespürt habe, dass es grad toll ist, allein zu sein.

- *Mehrere Bezugspersonen haben*
  Eine Sache, die ich lange stark vernachlässigt habe, ist, Beziehungen außerhalb von der mit Sebastian zu pflegen. Wir waren immer ein Paar, das sich gern mit Freund*innen getroffen hat, bis alle immer zuallererst die Frage stellten, wo die*der andere ist, wenn man mal allein aufgekreuzt ist. Macht man sich von einer Person abhängig, vergisst man schnell die anderen Menschen in seinem Leben. Seine Freunde wurden zu meinen, meine Freundinnen zu seinen. Und so kam es, dass wir kaum mehr allein anzutreffen waren. Aber was passiert, wenn man all seine Energie und Zeit auf eine Person konzentriert? Nur noch diese Person kann einen glücklich machen, und die Angst, genau diese Person zu verlieren, wird immer größer. **Es ist unglaublich wichtig, mehrere Bezugspersonen im Leben zu haben, auf die man sich verlassen kann.** Zu wissen, da sind viele Menschen, die einen lieben und die da wären, egal was ist. Menschen zu haben, bei denen man Ballast abwerfen kann, die mit einem ins Kino gehen, den Urlaub buchen oder einen so sehr zum Lachen bringen, dass man einige Stunden das Handy nicht mehr in die Hand nimmt und vergisst, dem*der Partner*in zurückzuschreiben. Zu merken, man kann glücklich sein, auch ohne die Beziehungsperson. Also, falls du gerade an jemanden denken musst, den du vor lauter Fokus auf deine*n Partner*in aus den Augen verloren hast, dann ruf sie*ihn doch mal an.

- *Offene versus unreflektierte Kommunikation*
  Es ist wichtig, eine offene und ehrliche Kommunikation innerhalb der Beziehung zu pflegen, aber das Gegenüber gleichzeitig nicht als emotionalen Mülleimer zu benutzen. Was meine ich damit? Nicht alle Zweifel, Ängste und unsichere Gedanken müssen ungefiltert ausgesprochen und auf die Beziehungsperson abgeladen werden. Vor allem nicht, wenn der*die andere gerade keine Kapazität dafür hat. Der Unterschied zwischen emotionalem Mülleimer und Ehrlichkeit liegt darin, dass bei Zweiterem eine Stufe der Selbstreflexion dazuaddiert wird. Ist die Beziehungsperson zum Beispiel im Urlaub, sieht der WhatsApp-Chat nicht so aus …

A: Wir gehen jetzt in eine Bar, ich schreib dir, wenn wir im Hotel sind, love you.

19:00

B: Okay … viel Spaß.

19:10

B: Hey, geht's dir gut?

19:51

B: Okay, dann halt nicht.

20:13

B: Ich glaub, es war keine gute Idee, dass du ohne mich in den Urlaub fährst.

20:47

B: Da sind bestimmt irgendwelche hotten Girls*Boys und deshalb schreibst du mir nicht.

21:02

B: Ich mach mir echt Sorgen, hallo?!

21:21

B: Gute Nacht.

21:30

… sondern eher so …

A: Wir gehen jetzt in eine Bar, ich schreib dir, wenn wir im Hotel sind, love you.

19:00

B: Okay, viel Spaß, pass auf dich auf! <3

19:10

B: Hey du, ich hoffe dir geht's gut. 🙂 Können wir vielleicht morgen telefonieren? Die Situation ist echt ein wenig ungewohnt für mich, aber wir kriegen das schon hin. Vergiss nicht, mir zu schreiben, wenn du im Hotel bist, das gibt mir Sicherheit. 🙂 Ich liebe dich.

21:30

Sich Zeit lassen, alle Gedanken erst mal, wie beim Punkt zu Journaling beschrieben, in die eigene WhatsApp-Gruppe statt in den Chat mit dem*der Partner*in schreiben und zuallererst selbst zur Ruhe kommen, sich auffangen und sich überlegen, was man in diesem Moment wirklich möchte. Möchte man nicht viel eher Lösungen für solche Situationen finden, die nicht in Anschuldigungen, Streit und Disharmonie enden? Und vielleicht hilft es, dafür auch manchmal die Perspektive zu wechseln und sich zu fragen: Was macht meine Abhängigkeit, eventuell noch in Kombination mit dem ängstlichen Bindungstypen, eigentlich mit meiner Beziehungsperson? Wie fühlt es sich an, immer und immer wieder Sicherheit, Liebe und Vertrauen zu schenken und dabei gegen eine Wand zu rennen? Wenn alles, was man gibt, nicht genug ist? Wie fühlt es sich an, nur Liebe und Wohlwollen zu erhalten, wenn man physisch bei seinem*seiner Partner*in ist? Sollte Liebe nicht viel eher bedeuten, dass man sich gegenseitig das größte Glück der Welt gönnt? Und um ehrlich zu sein, bevor ich das wirklich bis tief in mein Herz gespürt habe, habe ich es einfach gefakt. *Fake it till you make it.* Ich habe mir vorgestellt, wer ich sein möchte. Die Partnerin, die grummelig und voller Hass und Angst auf der Couch sitzt und den Partner aus der Ferne mit Hunderten Nachrichten und Anrufen seine gute Zeit versaut? Oder die, die »Pass auf dich auf <3« schreibt, sich Pasta kocht und eine Freundin facetimt? Früher habe ich das mit Angst im Bauch gemacht, bis die Angst irgendwann Luft und Platz für mein eigenes Leben gemacht hat und ich selbst diejenige war, die die WhatsApp-Nachrichten verfasst hat, dass ich mich melde, sobald ich zu Hause bin.

- *Zeit alleine einfordern*
  Wie oft nimmt man sich Zeit für sich? Wenn man in einer emotionalen Abhängigkeit steckt, wahrscheinlich so gut wie nie. Zeit, die nicht davon diktiert ist, was gerade der*die Partner*in macht, und in der man sich nicht jede freie Sekunde auch frei hält, falls er*sie doch noch Zeit findet.

»Es ist etwas ganz anderes, ob man Zeit allein verbringen muss oder man Zeit allein verbringen kann/will.« – Sebastian

Wie oft habe ich Treffen früher verlassen, weil Sebastian von seiner Verabredung zurückgekommen ist. Habe die Antwort auf die Frage von Freund*innen, ob ich an Tag xy Zeit hätte, mit der Hoffnung, er würde sich noch Zeit für mich nehmen, so lange hinausgeschoben, bis es zu spät war und ich gezwungenermaßen allein dasaß. Für mich war jede Minute, die wir nicht miteinander verbringen, Verschwendung, denn was, wenn uns was passiert und wir nie wieder Zeit miteinander verbringen können? Was, wenn? Was, wenn du den Urlaub mit deinen Freund*innen einfach buchen würdest? Zusagen würdest, wenn es heißt »Wir gehen ins Kino«, *oder* das Hobby wiederaufnehmen würdest, das mehrere Stunden in der Woche beansprucht? Was, wenn du nicht all deine Zeit von einer Person abhängig machen und dir sogar, obwohl deine Beziehungsperson Zeit hat, Zeit für dich nehmen würdest? Ich kann dir sagen, was dann wäre – am Anfang wäre es schwer und würde sich komisch anfühlen, und wahrscheinlich würdest du am liebsten wieder zurück in deine Komfortzone, in der deine Beziehungsperson immer an deiner Seite ist. Aber glaube mir, nach einer Zeit wird sich dieses »Zeit für dich nehmen« so anfühlen, als würdest du dir dein Leben wieder zurückholen. **Zu deinen Freund*innen, deinen Hobbys und zu dir selbst Ja zu sagen, dich an oberste Stelle zu setzen – das ist es, was Unabhängigkeit bedeutet.** Und wenn es dir schwerfällt, diese Entscheidung zu treffen, triff sie für dein Zukunfts-Ich. Es wird es dir danken.

Die letzten zwei Tipps sind so simpel wie wichtig.

- *Nicht nur wollen, sondern machen*
  Es bringt nichts, das alles zu lesen und nichts davon zu machen. Wie oft habe ich unter meiner Abhängigkeit gelitten, wie oft musste unsere Beziehung darunter leiden und geändert habe ich – nichts. Zumindest wenig. Hobbys angefangen und wieder aufgehört, Atemtechniken ausprobiert und für doof befunden. Gedacht, meine Ängste und Sorgen, meine Abhängigkeit und meine Verlustangst würden von einem auf den anderen Tag verschwinden, ganz ohne mein Zutun.

Aber es wird kein Mensch kommen und dir die Arbeit abnehmen, also musst du dieser Mensch für dich sein. **Du musst für dich aufstehen und die Version deiner selbst werden, die du gern wärst. Denn der einzige Weg zur Unabhängigkeit liegt im MACHEN. Nicht darauf zu warten, dass dir Motivation zufliegt, sondern über Motivation hinwegzusehen.** Für dich allein kochen, auch wenn du gerade überhaupt keine Lust dazu hast, den zehnten Podcast anzufangen, weil dich die ersten neun nicht gecatcht haben, und einen Termin bei einem*einer Therapeuten*in ausmachen, obwohl es unglaubliche Überwindung kostet. Überwinden, immer und immer wieder. Bis man irgendwann die *Me-Time* genießen kann, das Hobby für sich gefunden und die Abhängigkeit überwunden hat.

Und der letzte Tipp!

- *Gib dir Zeit*
  So eine Veränderung kommt nicht von heute auf morgen und *dein Bestes* sieht jeden einzelnen Tag anders aus. Da kann es vorkommen, dass du wochenlang keinen Bammel davor hast, allein zu sein, und dann an einem *random* Dienstag kommen alte Gedankenmuster wieder. Der Unterschied zu früher wird sein, dass du alle Ressourcen hast, die du brauchst, um dir die Angst zu nehmen. Also ein *Reminder*: Sei und bleib lieb zu dir auf diesem steinigen Weg, denn du machst es für dich, und du machst das gut!

Eine Frage, die meine Community mir oft stellt, ist, ob man durch diese Unabhängigkeit Gefühle verliert. Und, ja, vielleicht wird es dir am Anfang komisch vorkommen, keinen Entzug mehr zu spüren, wenn du deine Beziehungsperson einen Tag nicht siehst. Vielleicht wirst du in manchen Momenten die Achterbahnfahrt vermissen. Aber glaub mir, jemanden anzuschauen und dabei einzig und allein Vertrauen, Sicherheit und Geborgenheit zu spüren, ist so viel mehr wert.

Dieser jemand wirst du sein, im Spiegel, und du wirst dann wissen, dass Liebe mehr ist als Abhängigkeit. **Du wirst begreifen, dass es mehr bedeutet, sich jeden Tag für die Beziehung zu entscheiden, weil man WILL, und nicht, weil man MUSS.**

Bevor ich das Kapitel beende, gehe ich kurz rüber ins Arbeitszimmer, um Sebastian einen Kuss zu geben, denn nach den letzten Seiten bin ich so stolz auf uns und so dankbar, dass er da sitzt und ich hier.

»Ich bin sooo stolz auf dich!« – Sebastian

Er war in einem Call, und so habe ich nur durch einen kleinen Türspalt geschaut und ihn aus der Ferne dankbar bewundert, aber ich fand es trotzdem schön.

# 50 : 50

## Wie Beziehungsarbeit aussehen kann

Rosen, Pralinen, Zweisamkeit – am 14. Februar, dem jährlichen Tag der Liebe, *muss* alles perfekt sein. Oder?!

2023 sah das bei uns anders aus. Eigentlich hatte sich Sebastian extra freigenommen. Morgens wollte er mir etwas bei der Arbeit unter die Arme greifen und für den Mittag hatten wir uns ein Do-it-yourself-Projekt für unsere gemeinsame Wohnung vorgenommen. Dort lebten wir bereits seit ein paar Monaten, hatten aber, wie das so ist, bisher wenig Zeit für solche Kreativprojekte gehabt. Ein Sonnenuntergangsspaziergang sollte den Tag beenden.

Den Plan hatten wir aber nicht mit unseren streitlustigen Anteilen gemacht, denn schon am Abend zuvor war bei uns eher »Geh mir aus dem Weg, sonst verlier ich die Nerven«- statt »Komm mir bitte so nah, dass ich kaum atmen kann«-Stimmung. Der Grund? Ich hatte Ängste bezüglich meiner schwerkranken Mama geäußert, auf die Sebastian eher schroff reagierte. Es machte mich sauer, wie er meine Gefühle rationalisiert hat, statt auf sie einzugehen. Ganz nach dem Motto »Wird schon wieder«. Ein immer wieder aufkommendes Problem, das meinem sehr intensiven und seinem sehr rationalisierten Umgang mit Emotionen geschuldet ist.

Die Schlaflampe schon auf Sonnenuntergangsmodus gestellt, lagen wir beide also nebeneinander und starrten so lange an die Decke, bis sie entlang des abnehmenden Lichts nicht mehr weiß, sondern grauschwarz über uns lag. Wir schwiegen, beide ganz am Rand unseres jeweiligen Deckenzipfels, um einander ja nicht zu berühren. Ja, seit Beginn unserer Beziehung teilen wir uns eine Decke. Früher war diese 1,40 Meter groß, mittlerweile haben wir auf zwei Meter upgegradet. In den meisten Fällen ist es superschön und gemütlich, sich eine Decke zu teilen, in einem wie diesem eher ein störender Faktor.

Fragt man alte und gemeinsam grau gewordene Paare auf TikTok oder in der Außenwelt, wieso ihre Beziehung denn so lange gehalten habe, lautet die Hauptweisheit immer, niemals im Streit schlafen zu gehen. Ich hingegen offenbare jetzt und hier eine scheinbare Sünde von uns – wir klären nicht jeden Streit, bevor die Lichter aus- und die Augen zugehen. Und, *Surprise,* das ist auch okay so. Denn alle Beziehungen sind anders, und bei uns hat der Versuch, sich vor dem Einschlafen noch zwanghaft zu vertragen, schon mehr als einmal dazu geführt, dass sich unsere Diskussionsgrundlage verdoppelt und verdreifacht hat, wir uns Stunden im Bett und im Kreis gedreht und viel zu viel wertvollen Schlaf verloren haben.

So lagen wir also am 13. Februar 2023 im Bett, alle eigenen Gefühle und Wünsche geäußert, die der*des anderen nicht verstanden und völlig ohne Lösung. In meinem Kopf spulte ich das vergangene Gespräch vor und zurück, stellte mir vor, was ich hier gern gesagt hätte und dort gar nicht so gemeint habe. Imaginierte, wie die Diskussion am nächsten Tag weitergehen könnte, welche Argumente ich wie darlegen und mich für diesen oder jenen Satz entschuldigen könnte.

Und Sebastian währenddessen? Schnarchte!

Das war schon immer so. Sebastian ist ein Meister im Einschlafen. Egal, wie viel ihm im Kopf herumspukt – macht er die Augen zu, ist es dunkel. Dafür bewundere ich ihn sehr, auch wenn ich am Anfang unserer Beziehung sicher nicht nur einmal lautstark geschnauft oder mich mit mehr Bewegung als nötig im Bett umgedreht habe, um ihn wieder aufzuwecken, damit ich nicht die Einzige bin, die darunter leidet, dass wir gestritten haben.

Heute gönne ich ihm die Ruhe und weiß, wie gut es uns tut, eine Nacht über einen Streit zu schlafen und dann am nächsten Tag mit frischem Kopf viel schneller auf die*den andere*n zugehen und unsere Egos zurücklassen zu können. Das ist sogar wissenschaftlich logisch, denn die Psychologie spricht seit Neuestem von der *Decision Fatigue*, der Entscheidungsmüdigkeit.[10] Kurz gesagt bedeutet das, dass jede Entscheidung, die wir am Tag treffen, Energie kostet und wir somit immer schlechter in unseren Urteilen und unserer Willenskraft werden, je später es ist. So gesehen lässt sich das Ziel, jeden Streit noch vor dem Einschlafen zu schlichten, auch überhaupt nicht immer einhalten.

Waren wir auch an den beiden Enden unserer Decke eingeschlafen, wachten wir am Valentinstag dennoch kuschelnd auf. Das passiert meistens, egal mit welcher Stimmung wir einschlafen. Der Decke sei Dank. Der Tag startete wie gewöhnlich. Einer von uns machte dem anderen Kaffee, der geplante Videodreh verlief gut, also machten wir uns am Vormittag auf den Weg, um draußen einen zweiten Kaffee und etwas Sonne zu tanken. Ich zog mir schnell meinen roten Mantel über, packte die Sonnenbrille ein und erinnerte Sebastian daran, Sonnencreme aufzutragen, denn die ist auch im Winter wichtig. Auf dem Weg zum Café hielten wir Händchen und sprachen wenig. Irgendwie steckte uns der Streit vom Vorabend noch in den Knochen. Kennt ihr diese unangenehme Stille, in der eigentlich alles okay ist, aber dennoch was in der Luft liegt?

Wir haben die ungeschriebene Regel, dass wir jede Diskussion, egal wie klein, im Nachhinein noch mal aufarbeiten. Daher die Stimmung. Beide darauf wartend, dass die*der ander*e den ersten Schritt macht, liefen wir durch den Park, in dem Menschen ihre Hunde trainierten, am Geschrei auf dem Hof des Kindergartens vorbei und erreichten unseren Stammkiosk, an dem wir uns regelmäßig Cappuccino mit Hafermilch holen, um ihn unten an der Kirche auf der Parkbank in der Sonne zu genießen.

Die Hunde bellten, die Kinder lachten und der Cappuccino roch nach warmer Erleichterung, als Sebastian endlich anfing, über die Diskussion am Vorabend zu sprechen. Also legten wir los, mit den Sätzen, die wir noch sagen wollten, und mit denen, die wir lieber nicht gesagt hätten. Im Gegensatz zum Vorabend aber mit weniger Pathos und dafür mit mehr Verständnis für das Gegenüber. Zuhören, anstatt nur über die nächste Antwort nachzudenken. Fragen stellen, anstatt die Intention der*des anderen zu erraten. Reaktion statt Aktion. Ich-Sätze statt Du-Anschuldigungen. Beziehungsarbeit anstelle fauler Ausreden.

So klappt das bei uns eigentlich immer, außer am Valentinstag, was auch sonst. Denn was so schön begann, sollte trotz der friedlichen Parkbankstimmung noch einmal kippen.

**Es ist unglaublich gut, auf die Metaebene zu gehen, für mich der erste wichtige Schritt der Beziehungsarbeit. Darüber reflektieren, was war, und sich darüber austauschen, wie man in Zukunft mit der Situation umgehen möchte.** Meistens endet das in vielen guten Ideen, einem Lächeln und einer innigen Umarmung. Doch manchmal kann man sich auch auf der

Metaebene verstricken und wieder in die egogetriebene Winner/Loser-Mentalität fallen:

»Nein, das habe ich so nicht gesagt!«

»Doch, hast du!«

»Nein, habe ich nicht!«

»Egal, auch wenn du's nicht gesagt hast, so habe ich mich gefühlt.«

»Ja, aber wenn ich's nicht gesagt habe, habe ich dich auch nicht so fühlen lassen.«

»Ist ja egal, was du gesagt hast, aber ich würde mir wünschen, dass du sowas auf jeden Fall nicht sagst.«

»Ja, habe ich ja auch nicht und werde ich auch nie.«

»Also, ich habe das anders aufgenommen.«

BLA, BLA, BLA.

So kam es auch auf der Bank, schon kullerte bei mir unter der Sonnenbrille die erste von vielen Tränen, und Sebastian verabschiedete sich mit den Worten, dass wir darüber ja gleich zu Hause noch einmal reden könnten.

Nachdem wir eigentlich schon alles gesagt, jede Entschuldigung eingeholt, zukünftige Lösungen gefunden und weitere Missverständnisse aus dem Weg geräumt hatten, war die Stimmung also doch noch mal gekippt. Und ich sag's, wie es ist: Das mag anstrengend sein, ist aber einfach nur menschlich. **Nicht jeder Streit ist planbar, so wenig, wie man das Verhalten von Menschen vorausberechnen kann.**

»Ich glaube im Nachhinein, dass es ein Fehler war, zu gehen, irgendwie war es, als würde ich vor den Problemen davonlaufen. Und es war ein supermulmiges Gefühl, auch beim zweiten Streitklärungsversuch nicht erfolgreich zu sein, aber ich hatte in diesem Moment einfach nicht die Kraft, auf

Johanna zuzugehen. So richtig, so, dass sie merkt, dass ich mich wirklich vertragen möchte. Manchmal ist der innere Schweinehund im falschen Moment besonders stark.«
- Sebastian

Nach dem Gespräch auf der Parkbank saß ich also da und überlegte, wie der Tag jetzt weitergehen könnte. Laufe ich Sebastian hinterher und wir reden noch mal über alles? Kaufe ich ihm Blumen, und wir vergessen, was war?

**Beziehungsarbeit fängt für mich da an, wo man das eigene Ego zurücknimmt und Schritte auf die*den andere*n zugeht, obwohl man am liebsten weglaufen würde.** Wo man die Mauern einreißt, die man sich selbst gebaut hat und auf die man vorzugsweise direkt noch ein paar Ziegel drauflegen würde.

Der erste Schritt, egal von wem er kommt, wird den anderen auch dazu motivieren, sich zumindest Gedanken darüber zu machen, ebenfalls nach vorn zu gehen. Diese ersten kleinen Schritte sind entwaffnend. **Um mit Beziehungsarbeit anzufangen, ist es wichtig, den Kampf *gegeneinander* beizulegen und den *gemeinsamen* Kampf gegen das Problem aufzunehmen.**

Also ließ ich Sebastian seinen Vorsprung, seine Bedenkzeit und seinen Spaziergang nach Hause und lief 15 Minuten danach am Kiosk, am Kindergarten und am jetzt leeren Park vorbei und schloss die Wohnungstür auf.

Nach einem Blick in seine Augen war mir klar, dass auch er gerade nicht mehr an mehreren Fronten kämpfen wollte, und eine lange feste Umarmung besiegelte das.

Der Valentinstag, an dem alle die Liebe noch mal extra feiern, obwohl sie jeden Tag gefeiert werden sollte, hat also bei uns nicht so prickelnd angefangen. Doch nach der Umarmung kam das DIY, nach dem DIY der Sonnenuntergangsspaziergang, nach dem Spaziergang ein leckeres Essen und zum Nachtisch die ersten Erdbeeren des Jahres aus Spanien.

Aber wie geht es dann weiter? Wir haben den ersten Schritt gemacht, die Schritte danach auch, Lösungen gefunden und Entschuldigungen ausgesprochen. Was kommt als Nächstes?

Erst jetzt fängt die Arbeit so richtig an, denn sagen kann man viel, und für den Moment mag das reichen, um über den Streit hinwegzukommen, aber **um Konfliktthemen langfristig zu klären, müssen Worte zu Handlungen werden.**

Bei jedem Wunsch nach Blumen zu beteuern, dass man welche kaufen wird, ohne dies auch zu tun. Jedes Mal zu versprechen, dass man der*dem anderen nicht mehr ins Wort fällt, und ihn*sie dann doch wieder zu unterbrechen. Nach dem nächsten Streit eine Woche den Müll runterzubringen, nur um es dann wieder schleifen zu lassen. All das ist nach dem ersten und vielleicht auch nach dem zweiten Mal okay – aber nicht nach dem dritten und ganz bestimmt nicht nach dem vierten Mal. Man muss seinen Worten Taten folgen lassen, denn nur so kann aus einem Problem, das die Beziehung geschwächt hat, ein überstandenes Problem werden, das die Beziehung stärkt.

**Knapp jede zweite Ehe scheitert.[11] Und das sicherlich nicht, weil Menschen fehlerhaft sind, sondern deshalb, weil Menschen nicht aus ihren Fehlern lernen.**

Jede Person weiß, wie schwer es ist, seinen eigenen Worten zu folgen. Ab jetzt drei Mal die Woche Sport, ab morgen jeden Tag Zahnseide und am Donnerstag mache ich alle Briefe auf und bezahle endlich die Rechnungen!

Aber wer möchte, dass der*die Partner*in dem vertraut, was man erzählt, muss sich eben vielleicht einen Wecker auf 16 Uhr stellen, der »Blumen kaufen!« sagt, muss das Bedürfnis, zu sprechen, gegen zuhören tauschen und sich den gelben Sack so vor die Tür stellen, dass man ohne ihn das Haus nicht verlassen kann.

Gewohnheiten zu ändern, braucht Zeit, Charakterzüge in eine andere Richtung zu lenken, braucht Zeit – und wenn einem das Gegenüber diese Zeit gibt … dann sollte man sie auch nutzen.

Viele Menschen in den Kommentaren zu meinen Social-Media-Beiträgen behaupten, mit der richtigen Person müsse man keine Beziehungsarbeit leisten, mit der richtigen Person sei alles perfekt, alle Unsicherheiten von jetzt auf gleich vergessen, Grundvertrauen da, ohne sich dieses aufzubauen, Love Languages verstanden, ohne darüber zu sprechen, Bedürfnisse erfüllt, ohne sie zu erklären. Ich will nicht sagen, dass diese Behauptung ein Mythos ist, aber ich gehe davon aus, dass alle, die dieses Buch gekauft haben, und ganz sicher diejenige, die das Buch schreibt (ICH), da anderer Meinung sind.

Probleme, die in der Beziehung aufkommen, können von der Kindheit, vergangenen Liebesverhältnissen und der Beziehung zu sich selbst ausgelöst sein. Haben beide Partner*innen ganz unterschiedliche Erfahrungen in diesen Bereichen gemacht, ist Reibung nicht weit.

Kein. Mensch. Ist. Perfekt.

Das trotzdem zu erwarten, führt meiner Meinung nach dazu, dass niemand Beziehungsarbeit leistet, sondern eher schnell die nächste Beziehung sucht. In der dann mit hoher Wahrscheinlichkeit die gleichen Probleme wiederauftauchen, bis man jemanden findet, bei dem man sich dann doch der Beziehungsarbeit widmet oder aber beide die Klappe halten und alles runterschlucken. Sorry für die Ausdrucksweise.

Was sind also solche typischen Probleme und wie kann man an ihnen arbeiten? Manchen davon, wie zum Beispiel der Unabhängigkeit oder den Bindungstypen, habe ich jeweils ein Kapitel gewidmet, aber in diesem möchte ich auf ein paar Themen eingehen, die in unserer Beziehung eher kleiner ausgefallen sind, trotzdem aber bei vielen Leuten auch große Wellen schlagen können.

## EIFERSUCHT

Eifersucht kennen auch wir, jedoch ist sie eher in unseren jungen Jahren auf irgendwelchen Partys in Verbindung mit einigem geflossenen Alkohol zu einem diskutablen Thema herangewachsen.

Was ich zur Eifersucht zu sagen habe, ist, dass sie meist mit eigener Unsicherheit zusammenhängt. Das heißt nicht, dass sie unnormal ist, denn ich glaube, fast ALLE Menschen haben Unsicherheiten. Aber, ganz geradeheraus: Dass dein*e Partner*in mit anderen Menschen redet, Spaß hat oder auf einer Wellenlänge ist, ist nichts, was eure Beziehung bedroht. **Die Schönheit, der Humor oder die Intelligenz anderer, ist nichts, was eure Beziehung bedroht.**

Deine Beziehungsperson möchte mit dir ihr Leben verbringen. Lies das noch mal. Und noch mal. Deine Beziehungsperson möchte mit dir ihr Leben verbringen. Sie wacht jeden Tag auf und entscheidet sich wieder und wieder und wieder dafür, dass du die richtige Person bist.

Aber egal wie viel Erfolg man hat, es wird immer jemanden geben, der mehr Erfolg hat als man selbst. Egal wie witzig man ist, es wird irgendwo jemanden geben, der noch witziger ist. Egal wie schön der Bart aussieht oder die Haare sitzen, es gibt immer jemanden mit noch schöneren Haaren und noch perfekterem Bart.

»*I doubt it.* Mein Schnauzer ist 10/10.« – Sebastian

Und das könnte man immer und immer weiterspinnen.

Das Wichtige ist aber doch: Nur du lachst, wie du lachst, wenn man dir einen Witz erzählt. Nur du schaust genauso wie du, wenn man dir tief in die Augen blickt. Nur du freust dich, wie du dich freust, wenn das Essen im Restaurant endlich kommt. Und nur du tanzt zu 1980er- und 1990er-Jahre-Musik genau so, wie du es tust. DU bist einzigartig.

Ab dem Zeitpunkt, zu dem diese Einzigartigkeit auch dir bewusst wird, brauchst du nicht mehr eifersüchtig zu sein. Denn wenn jemand diese Einzigartigkeit nicht (mehr) in seinem*ihrem Leben haben will, dann ist das ein Verlust für ihn*sie, nicht für dich.

Das ist natürlich ein lebenslanger Prozess. In einem Video auf Social Media zählt die Paartherapeutin Jaane Henning fünf Tipps auf, was man im Moment der Eifersucht tun kann.[12]

- Eifersucht akzeptieren und sich eingestehen, dass man sie gerade fühlt.
- Sich selbst fragen, was gerade das Problem ist. Was hat die Eifersucht ausgelöst?
- Sich Zeit für sich nehmen, sich selbst beruhigen und das angestaute Adrenalin abbauen.
- Erst die aktuellen Gedanken und Ängste und dann liebevolle Handlungen der Beziehungsperson aufschreiben.
- Offene Kommunikation mit dem*der Partner*in über die konkrete Situation und deine Gefühle.

Beziehungsarbeit im Kontext der Eifersucht bedeutet also, wirklich diese fünf Schritte abzuarbeiten und nicht nach dem zweiten aufzugeben, zur Beziehungsperson zu rennen und ungefiltert alle Emotionen rauszulassen. Und es bedeutet auch, wenn man mal nach dem zweiten Schritt zum*zur Partner*in rennt und ungefiltert alle Emotionen rauslässt, es das nächste Mal bis zum dritten, dann bis zum vierten und irgendwann immer und immer wieder bis zum fünften Schritt zu schaffen.

Beziehungsarbeit bedeutet Fortschritt. Im Gespräch über Streitthemen nicht nur das Ziel, sondern auch den Weg dahin zu besprechen. Dafür ist es auch wichtig, hin und wieder miteinander »einzuchecken« – Erfolge zu feiern und sich gegenseitig Fragen zu stellen.

Es klingt vielleicht etwas gezwungen, aber sich jeden Monat hinzusetzen und mal Bilanz zu ziehen, kann die Beziehung auf das nächste Level bringen. So könnte das aussehen:

Macht euch einen Tee, Kaffee, Cocktail und setzt euch mit Zeit an einen Tisch, auf das Sofa, an den Ort eurer Wahl. Stellt euch diese Fragen:

- Was läuft gerade sehr gut in unserer Beziehung?
- Welchen Streit der letzten Tage oder Wochen haben wir noch nicht aufgearbeitet, und was würde dabei helfen, das zu tun?
- Was könnten wir gerade besser machen? Bei welchem Thema sehen wir Potenzial?

Einander zu sagen, was schlecht läuft, ist genauso wichtig, wie sich klarzumachen, was gerade sehr gut läuft. Und das gleiche Thema kann in zwei Monaten einmal bei der ersten und dann bei der dritten Frage aufkommen. So zum Beispiel kann der Sex in einem Monat superlocker und regelmäßig sein und im nächsten verkrampft und eher selten. Denn auch äußere Faktoren spielen eine Rolle, wenn es um die Beziehung geht. Gibt es gerade Stress auf der Arbeit? Ist der Kopf woanders? Sind regelmäßig über 30 Grad und schon der Gedanke an Sex bringt einen zum Schwitzen? Oder jagt vielleicht eine Familienveranstaltung die nächste, und an Freizeit, um intim zu werden, ist nicht zu denken? Diese Fragen zu klären, das gemeinsame Ziel festzustecken und dann aber auch die Frage zu klären, wie man dort hinkommt, ist superwichtig. Denn so und nur so werden Potenziale ausgeschöpft und Erwartungen erfüllt.

## GEMEINSAME ZEIT

Wenn du das Kapitel zum Thema Unabhängigkeit schon gelesen hast, weißt du, dass gemeinsam Zeit verbringen nicht unbedingt das war, was Sebastian und mir schwergefallen ist. Aber auch wir hatten bei unserer Monatsbilanz (die übrigens auch wir nicht immer ziehen, ist ja klar) schon das Thema Quality Time, und ich sage mal so: Meistens kommt es von Sebastian und meistens nehme ich es nicht sofort sonderlich gut auf.

Sebastian ist häufig der, der kritisiert, dass wir die letzte Woche jeden einzelnen Abend auf der Couch verbracht und wahrscheinlich zum 100. Mal *Harry Potter*, *New Girl* oder *Modern Family* geguckt haben. Er wünscht sich mehr Abwechslung. Vielleicht einen Spieleabend zu zweit? Ein Lese-Date? Einen Spaziergang vor dem Film?

Und *to be honest*: Meistens bin ich dafür zu faul.

Das heißt nicht, dass wir nicht viel unternehmen. Denn für Freund*innen treffen, Familienfeste oder spannende Date-Ideen bin ich immer zu haben. Aber wenn nichts auf dem Plan steht, ist mein erster Gedanke, den Beamer aufzustellen und für den restlichen Abend auch nicht mehr auszumachen. Sagt mir Sebastian daraufhin, dass er sich mehr Abwechslung in unserer Zeit zu zweit wünscht, fühle ich mich meist erst mal angegriffen.

Nicht nur mich, sondern unsere Beziehung. Und wahrscheinlich bewegt mich das sogar mehr als ein Angriff gegen mich selbst.

Ich zähle also jeden Abend auf, an dem wir etwas anderes als gestreamt haben, nenne Gründe, wieso Streaming mich beruhigt, und verteidige unsere gemeinsame Zeit und wie sinnvoll wir sie doch auch nutzen, aufs Äußerste.

Etwas kontraproduktiv? Vielleicht. Aber die kritikfähigste Person war ich noch nie.

Nach etwa zehn Minuten kleiner Meinungsverschiedenheiten lasse aber auch ich mich meist auf das Gespräch ein.

Solche Themen behandeln wir natürlich nicht bloß einmal und haben sie dann für immer aus dem Weg geschafft. Und das muss man auch nicht, solange es kein unverhandelbares Thema für einen von beiden ist.

Die eigene Sport-, Lese- oder Meditationsroutine muss man ja ebenfalls regelmäßig auffrischen, und so ist es auch bei uns so, dass wir manchmal wochenlang unglaublich viel erleben, dann jedoch auch hin und wieder in einen Trott fallen, aus dem wir uns aber eben auch wieder rausziehen können.

»Dazu fällt mir eine Erfahrung aus einer meiner ersten Therapiesitzungen ein. Meine Therapeutin hat mir auf ihrer Tafel mehrere Stimmungskurven aufgemalt und meine Eindrücke dazu abgefragt. Zuerst war die Kurve nur unten im ›Miesepeter‹-Bereich. Ganz klar, nicht so erstrebenswert. Dann hat sie eine Kurve aufgemalt, die nur oben verlief, die für mich zuerst super aussah. Als ich ihr sagte, dass ich mir genau so ein Leben wünsche, zeichnete sie einen ganz steilen Weg hinab in den ›Miesepeter‹-Bereich und schrieb groß das Wort ›Burn-out‹ an die Tafel. Damit war auch diese Kurve, auch wenn sie für mich super aussah, nicht mehr das Gelbe vom Ei. Als Letztes malte sie eine schön gleichmäßig gewellte Kurve mit Höhen und Tiefen, auf den ersten Blick vielleicht nicht besonders attraktiv, aber eben stabil und vor allem mit ausreichend Zeit sowohl für das Genießen und Feiern als auch für das Reflektieren und Abschalten. Was mir diese Erfahrung gezeigt hat, ist, dass weder eine tägliche Date-Night oder Partys mit Freund*innen noch das ständige Zu-Hause-auf-dem-Sofa-Liegen auf Dauer guttun. Ich muss mir das oft vor Augen halten, aber es führt dazu, dass ich und wir langfristig ausgeglichen, gesund und zufrieden sind.« – Sebastian

Und wie machen wir das? Wie arbeiten wir an unserer Zeit zu zweit?

Erster Schritt: Wir versuchen wieder, das Problem zu identifizieren. Ist es die Arbeit, die gerade so viel Kapazität einnimmt, dass die Couch am Abend einfach am gemütlichsten aussieht? Ist es die dunklere Jahreszeit, bei der man sich am liebsten schon ab 16 Uhr mit Tee und Decke in den Feierabend verabschieden würde? Oder ist es die absolut süchtig machende Serie, die man gerade neu angefangen hat und an die man schon beim Mittagessen denken muss?

Nur wenn man den Ursprung und die Wurzel eines Problems kennt, kann man auch an Lösungsansätzen arbeiten.

Was wären also nun für mich die Lösungen zu den hier genannten Auslösern einer *Couch-Potato*-Phase?

- *Arbeit?*
  Wie wäre es damit, auch im Homeoffice mal die Stunden aufzuschreiben und weniger Überstunden zu machen? Oder würde Sport helfen, um den Kopf freizukriegen? Ist es ein temporäres Problem, das mit einem Projekt zusammenhängt,

also zeitlich absehbar ist? Oder kann man dem*der Gestressten etwas abnehmen, um Stress zu minimieren?
Gemeinsames Brainstorming ist der erste Schritt, doch am besten hört man da noch nicht auf.

- *Überstunden?*
Erinnert euch gegenseitig daran, sie aufzuschreiben, macht ein Gespräch mit dem Chef aus, schreibt in eine gemeinsame WhatsApp-Gruppe eure täglichen Stunden rein.
- *Sport?*
Bucht die Yogaklasse zusammen, rollt die Matte schon am Vortag aus, fangt klein an und geht erst mal spazieren.
- *Projekt?*
Macht euch bewusst, dass das gerade eine Phase ist, seht aber zu, dass danach nicht direkt die nächste »Phase«, das nächste »Projekt« wartet.
- *Stress minimieren?*
Fragt euch: Was genau würde dazu beitragen? Stresst einen das Staubsaugen, das Einkaufen oder der Anruf bei dem*der Arzt*Ärztin?

Die Symptome anzusprechen, die Ursache zu finden und diese dann mit präzisen Lösungsmöglichkeiten aufzudröseln, um ein paar Wochen später noch mal über das Thema zu sprechen und Bilanz zu ziehen – so geht Beziehungsarbeit, die nachhaltig ist. Beziehungsarbeit, die bleibt. Bei der man, auch wenn das Thema, wie man seine Zeit miteinander verbringt, immer wieder aufkommt, irgendwann die Mechanismen schneller besprochen und die Phasen rascher hinter sich gebracht hat.

Wichtig ist hierbei immer: **Zu einer Beziehung gehören mehrere Personen, weshalb auch zur Beziehungsarbeit mehr als eine Person benötigt wird.** Viel zu oft versucht eine*r, die Verbindung zu retten, sucht immer und immer wieder das Gespräch, arbeitet an sich, während der*die andere beteuert, etwas zu ändern. Aber dabei bleibt es dann auch.

Ein paar Beispiele:

- Vertrauen lässt sich nur aufbauen, wenn eine*r die Möglichkeit erhält, auch zu beweisen, dass es gerechtfertigt ist, also der Clubbesuch, Frauenabend oder der Urlaub alleine nicht verboten oder mit schlechtem Gewissen besetzt wird.
- Die Spüle kann nur aufgeräumt werden, wenn sich etwas in ihr befindet und sie von der*dem anderen nicht sofort leergeräumt wird.
- Weniger gemeckert wird nur dann, wenn es weniger zu meckern gibt.

Ein Mensch allein kann eine Beziehung nicht retten, sondern nur verhindern, dass sie zu Ende geht, weil er sie nicht beendet, obwohl es eventuell an der Zeit wäre. Doch dazu in einem anderen Kapitel mehr.

Trotzdem kann auch bei Beziehungsarbeit nicht immer alles 50 : 50 aufgeteilt sein. Manchmal hat der eine, manchmal die andere mehr Kapazität. Das heißt, wenn die Verteilung mal bei 70 : 30, dann wieder andersrum bei 60 : 40 und an manchen Tagen bei 100 : 0 liegt, ist das auch in Ordnung. Das gilt auch für das nächste Thema.

## HAUSHALT

Sebastian ist ein ganz schön unordentlicher Mensch. Nicht gerade vorteilhaft, wenn einer von beiden mit Zwängen zu tun hat (offensichtlich ich). Trotzdem ist Sebastian nicht dieser typische, klischeehafte Mann, der vor dem Auszug aus dem Elternhaus noch nie eine Klobürste benutzt, einen Kochlöffel in der Hand gehabt oder Kiwis gekauft hat. Er kann kochen, waschen, putzen. Und, ja, das ist das *bare minimum* (also eigentlich das Mindeste, was man erwarten kann), aber ne, ist es auch heute noch nicht. Zahlen des Statistischen Bundesamtes zufolge betätigen sich 29 Prozent der deutschen Männer täglich im Haushalt, bei den Frauen sind es 72 Prozent.[13] Ein gewaltiger Unterschied. Und auch meine Followerinnen (absichtlich nicht gegendert) schreiben mir häufig, dass ihre Partner es nicht für nötig halten, im Haushalt zu helfen, egal was sie für Argumente anbringen, egal wie viel wer arbeitet. Haushalt, das sei Frauensache.

Bei uns definitiv nicht. Ich räume mehr auf, Sebastian kocht häufiger. Ich wasche mehr, er hängt die Wäsche öfter auf. Ich putze öfter das Bad, er bringt den Müll runter.

> »Ich würde mir auch einfach superdoof vorkommen, wenn ich allein aus Stolz oder vielleicht auch Unerfahrenheit in diesem Bereich meines Lebens zu 100 Prozent auf jemand anderen angewiesen wäre.« – Sebastian

Aber so eingespielt war das natürlich nicht immer. Auch wir hatten unsere anfänglichen Schwierigkeiten unter anderem deshalb, weil so ein Thema auch eine riesige Wahrnehmungsfrage ist, wie eigentlich alles.

Gerade ich erwische mich oft bei dem Gedanken, mehr im Haushalt zu machen, erkenne dann aber beim erneuten Nachdenken, dass ich einfach andere Dinge erledige. Mich stresst also nicht, dass ich mehr mache, sondern die Aufgaben, die ich habe, wachsen mir einfach über den Kopf, auch wenn Sebastian seinen Teil übernimmt.

Aber auch hier gilt: Kommunikation und dann handeln.

Da hilft kein »Ja, sag mir doch einfach, was ich erledigen soll, und ich mache es«, denn der sogenannte *Mental Load* allein, also die mentale Last aller zu erledigenden Aufgaben, ist schon anstrengend genug. Dinge von selbst zu sehen und zu erledigen, erst das bringt wirklich mentale, zeitliche und physische Erleichterung.

Und, nein, ein Mann »hilft« nicht im Haushalt. Es ist nämlich auch *sein* Haushalt, da kann man nicht »helfen«, sondern nur seinen Teil übernehmen. Bei allen, die nicht einmal das verstehen, hilft Beziehungsarbeit erst, nachdem ein wenig oder eher ein wenig viel Selbstreflexion stattgefunden hat.

Für alle anderen gilt: Vielleicht teilt man den Haushalt danach auf, was wem wichtiger ist, wer was mehr sieht, was wem leichter fällt, und findet so mit der Zeit und geduldigem Besprechen der Probleme, Erkennen der Ursachen und abschließendem Bilanzziehen irgendwann zu einem angenehmen Miteinander.

Und, ja, wenn man das so liest, kann einem eine Beziehung wie sehr viel Arbeit vorkommen. Und, ne, jetzt kommt kein »Aber«, sondern ein »Stimmt«, denn eine Beziehung *ist* Arbeit. Es wird manche Probleme geben, die man nie, manche, die man zeitweise, und manche, die man für immer aus dem Weg räumen kann.

Man muss nur wissen, ob sich's lohnt. Und meine Bilanz: Das tut es.

# VIELE WEGE FÜHREN ZURÜCK ZUM SPARK

## Wie hält man eine Beziehung frisch?

2020, das Jahr, in dem sich alles verändert hat. Und das nicht nur in der Weltgeschichte, sondern auch bei uns und in unserer Beziehung. Nach einer Beziehungspause und dem Wiederzusammenfinden war klar, wir müssen uns selbst finden, um diese Beziehung zu retten. Wir brauchen Platz, Raum und Zeit als Individuen.

Doch wie sollte das gehen, in einer Dreizimmerwohnung in einer Stadt, in der man kaum enge Freunde hat, und einer Zeit, in der man sich nur noch in Gruppen von vier Menschen und kaum aus dem Haus bewegen durfte?

Dadurch, dass Sebastian und ich das Gleiche studiert haben, haben wir auch nur dieselben Leute kennengelernt. Nach einer Weile ist uns aufgefallen, wie schwer es ist, eine individuelle Beziehung zu Menschen herzustellen, wenn man immer und überall im Doppelpack auftritt. Meine Handlungen, Sebastians Aussagen, meine politische Einstellung oder Sebastians Humor – die Menschen haben alles immer mit *uns beiden* in Zusammenhang gebracht. In diesem Umfeld als Individuen echte, rohe und wohltuende Freundschaften zu schaffen, ist uns in den zwei Jahren in Freiburg nicht gelungen.

Zu Hause hatten wir Freund*innen und Familie, die uns schon vor unserer Beziehung kannten oder einfach jede*n für sich als Mensch interessant fanden. Also beschlossen wir, für unsere Distanz in der Beziehung, aber für die Nähe zu anderen Bezugspersonen wieder zurück in die Heimat zu ziehen. Dieses Mal nicht in eine gemeinsame Wohnung, sondern in zwei WGs, in denen uns Menschen als Mitbewohner*in zwar mit Partner*in, aber nicht nur als Paar kennenlernen konnten.

Der Schritt war nicht einfach. Kurz bevor wir den Entschluss fassten, auseinanderzuziehen, hatten wir im Sommer 2020, ein paar Monate nach Beginn des Lockdowns, draußen auf unserem Balkon ein Matratzenlager geschaffen. Wir sind gut darin, aus schwierigen Situationen etwas Schönes zu machen. Aber nach dem dritten Abend hatten auch das Draußenschlafen und das Pizzabestellen irgendwie ihren Glanz verloren.

Wir hatten uns ein paar Wochen zuvor wieder zusammengerauft, und auch wenn ich voll von Angst war, hatte ich unendlich viel Hoffnung. Hoffnung, dass wir immer ehrlich zueinander sein konnten, dass wir beide an unserer Verbindung arbeiten und unsere gemeinsame Zukunft sichern wollten.

Also war ich es, die aus dem Nichts in die Stille hinein gefragt hat: »Wäre es nicht vielleicht eine gute Idee, auseinanderzuziehen?«

Und so fing dieses Gespräch an.

»Stellt euch mal vor, wie das sein musste. Eine Person, die sich selbst in diesem Buch schon als klammernd und (treffenderweise) sehr aufmerksamkeitsbedürftig beschreibt, kommt auf einmal mit so einer Idee um die Ecke. Ich dachte zuerst, das muss eine Falle sein.« – Sebastian

Eigentlich war es nur von Zustimmung geprägt, die eine sagte etwas, was der andere bejahte, und andersrum. Was wir sofort wussten, war, dass Menschen in unseren kleinen 6 000-Einwohner*innen-Käffern reden würden. Sie würden sagen, dass als Nächstes unser Ende kommt, dass wir uns rückwärts bewegten und sie es doch sowieso schon die ganze Zeit geahnt hätten.

Uns war das zwar nicht komplett egal, wir wussten aber, dass es nichts bringen würde, aus Angst vor der Meinung anderer einen scheinbar linearen Beziehungsweg zu gehen, der uns jedoch nicht guttat.

»Wichtiger als die Meinung von Tratschtante Vanessa (ersetzt den Namen gerne mit einem, der gerade für euch passt), die sich sowieso schon immer das Maul über alles zerrissen hat, war uns sowieso, dass wir auf die Unterstützung unserer engsten Freund*innen und Familien zählen konnten. Und als wir intensiv von unserer Entscheidung berichteten, hatten wir diese wichtigsten Personen in unserem Leben auf unserer Seite.« – Sebastian

Diese Schritte, die von außen wie ein Weg zurück schienen, waren für uns der Weg nach vorn. Der vielleicht einzige Weg, wie unsere Beziehung eben nicht enden, sondern irgendwann doch in dem gesellschaftlich erwarteten *Hund, Haus, Kinder* münden würde.

Einen Monat später waren wir beide in unseren WG-Zimmern angekommen. Tatsächlich lagen die Wohnungen nur einen fünfminütigen Spaziergang voneinander entfernt – keine Absicht, aber praktisch. Gesehen haben wir uns wahrscheinlich immer noch fast jeden Tag, aber einige Dinge liefen jetzt definitiv anders.

Zum Beispiel konnte ich zur khaki-weiß-gestreiften Bettwäsche von Sebastian nichts mehr sagen, denn nun war es ja sein Zimmer und sein Geschmack. Auch die gelegentliche Zigarette auf dem (meiner Meinung nach) viel zu dünnen Vordach vor seinem Zimmer, auf das man durchs Fenster klettern musste – nicht mehr meine Angelegenheit. Allein geschlafen haben wir vielleicht zwei- bis dreimal die Woche, zwei- bis dreimal mehr als die Jahre zuvor. Und auch wenn es mir am Anfang schwerfiel, einzuschlafen, habe ich das Bett für mich nach einiger Zeit lieben gelernt. Keine 1,40-Meter-Decke mehr, die mir in der Nacht weggezogen wird, die Heizung genau so warm, wie ich sie gerne habe, das Hörspiel auf einer Lautstärke, bei der man auch wirklich hört, was gesagt wird. Genauso genossen habe ich die Serien, die ich gebingt habe, wenn ich alleine war, weil Sebastian sie nie schauen wollte. Oder das Eis von der Eisdiele gegenüber, das ich zum Mittag gegessen habe, weil ich nämlich sehr wohl denke, dass man manchmal auch süße Speisen als Mahlzeit genießen kann. Wo ich am Anfang noch immer versucht habe, Sebastian davon zu überzeugen, Zeit mit mir zu verbringen, bei mir zu schlafen oder mich bei ihm schlafen zu lassen, bin ich nach einiger Zeit hin und wieder von ganz allein nach Hause gelaufen und habe mich auf meine Zeit mit mir selbst gefreut. Einkuscheln, Kerze und Serie an, Pudding auf. Schön.

Sebastian hat in dieser Zeit gelernt, wie er seine Zeit für sich einfordern kann, jetzt natürlich vereinfacht durch die Möglichkeit der räumlichen Distanz. Ich habe gelernt, dass Zeit einfordern keine Ablehnung ist, denn auch ich habe meine Me-Time genossen. Er hat herausgefunden, was für Farben, Möbel und Pflanzen er mag, wenn ich ihm nicht reinrede. Und ich habe gelernt, ihm nicht mehr so oft reinzureden.

Alles in allem war es ein Jahr des individuellen Wachstums, ein Jahr, ohne das wir heute nicht im Zusammenleben auch unser eigenes Leben hätten. Ein Jahr, das unsere Beziehung gerettet hat.

**Durch die räumliche Distanz ist die gemeinsame Zeit öfter zur qualitätvollen Zeit geworden.** Wir haben uns zum Longboardfahren, Spazierengehen, Eisbaden oder Cocktailtrinken getroffen. Natürlich durfte der eine oder andere Netflix-und-Chill-Tag nicht fehlen, aber die kleinen Dates haben unsere gemeinsame Zeit zu etwas noch Wertvollerem werden lassen. Und auch die Abwesenheit von gemeinsamer Zeit, wenn wir uns mal einen Tag oder eine Nacht nicht gesehen haben, hat hin und wieder ein kleines Bauchkribbeln, eine leichte Aufregung vor einem Treffen oder das Gefühl des Vermissens wieder zurückgebracht. Der *Spark*, die Flamme in unserer Beziehung, wurde wieder neu entfacht.

Ein Jahr nach unserem Auseinanderziehen hat uns die Reiselust erneut gepackt, und wie schon in einem vorherigen Kapitel beschrieben, sind wir kurzerhand gemeinsam nach Rom gezogen. Von zwei Zimmern mit individueller Einrichtung zu einem gemeinsamen möblierten Zimmer in einem Airbnb in einer der schönsten Städte Europas.

Die Frage war: Können wir die gelernten Verhaltensmuster auch anwenden, wenn wir wieder zusammenleben? Schafft es Sebastian, sich Zeit für sich zu nehmen? Werde ich immer noch selbstständig und unabhängig sein, auch in dieser Millionenstadt?

Und, ja, wenn Sebastian keine Lust hatte, in die Innenstadt zu gehen, um bei einem Kaffee in der schönsten Gasse Roms zu lesen und sich wie ein *Main Character* zu fühlen, bin ich allein durch die Straßen geschlendert. Ich bin den steilen Berg von unserem Apartment runtergelaufen, habe den Bus in die Innenstadt genommen, bin am Vatikan, am Petersdom und am Castel Sant'Angelo vorbeigefahren. Habe mir im Écru, einem überteuerten, aber sehr leckeren Restaurant, ein Mittagessen gegönnt und ein paar Straßen weiter einen Kaffee getrunken. Allein. Und es hört sich nicht nur so an, sondern es war mein ganz persönlicher *Eat Pray Love*-Moment, den ich mit Sebastian zusammen niemals gehabt hätte.

So auch andersrum. Wenn Sebastian die Decke auf den Kopf gefallen ist, weil zehn Quadratmeter einem bei Regenwetter auch schnell wie zwei vorkommen können, konnte er das kommunizieren und sich zurückziehen. So ging er regelmäßig mit einem seiner dünnen gelben Reclam-Bücher (ja, er liest diese Dramen wirklich, ohne dazu gezwungen zu werden) und der kleinen ovalen Sonnenbrille in seinen Locken zum Parco Villa Doria Pamphilj – unserem liebsten Park in Rom, der nur zehn Minuten zu Fuß entfernt lag.

Eine Sache, die besonders gut geklappt hat, die uns früher nur schwer gelang, ist Koexistieren. Gemeinsam in einem Raum sein, aber jede*r ihr*sein Ding machen. Wenn der eine Tagebuch schreiben und die andere Netflix schauen will – warum nicht? Kopfhörer sind die Lösung. Wenn die eine lesen und der andere Yoga machen will – was spricht dagegen? In unserem Zimmer ist gerade genug Platz zum Ausrollen einer Yogamatte.

Es gab jedoch diese eine Sache, die wir nicht immer gut gemeistert haben, in den zwei Monaten, in denen wir uns eine unvergessliche Zeit in Rom machten. Man mag meinen, dass einem an so einem atemberaubenden Ort niemals langweilig werden kann. Dass, sobald man ankommt, aller Alltag verflogen, jeder Stress vergessen und die Routinen passé sind. Aber dem ist nicht so. Auch in Rom ist man kaputt von der Arbeit, vom Studieren oder vom drückenden Wetter. Auch in Rom landet man des Öfteren mit der Ein-Liter-Colaflasche und der zum fünften Mal geschauten Lieblingsserie im Bett und krümelt mit der bestellten Pizza Marinara die frische Bettwäsche voll. Sodass man in der Nacht dann schlecht schläft, weil man sich auf den drei übersehenen Krümeln hin und her wälzt.

Auch in Rom mussten wir dafür sorgen, dass der Spark erhalten bleibt.

Aber wie schafft man das in einer langjährigen Beziehung? Man kennt sich doch in- und auswendig, hat die*den andere*n schon rülpsen gehört, pinkeln gesehen und furzen gerochen. Kann die Intimität da überhaupt noch mal aufgefrischt werden?

Ich bin der Überzeugung: **Der Spark, die Flamme, die Intimität kann immer wieder aufs Neue zurückgeholt, neu entfacht werden.** Dass Beziehungen sich immer in Phasen befinden, Langeweile und Abschnitte ohne Feuer einfach dazugehören und das nicht heißt, dass man Angst haben muss, dass es nie wieder heiß wird.

Mit sich selbst langweilt man sich ja auch hin und wieder. Das ganz individuelle Leben, der Job, die Hobbys, die Wohnung – das hängt einem regelmäßig zum Hals raus. Und gibt man da auf? Nein. Meistens wartet man ein paar Tage ab, macht die eine oder andere Justierung und alles pendelt sich wieder ein. Wieso sollte in romantischen Beziehungen dauerhafte Stetigkeit herrschen, wenn das in allen anderen Lebensbereichen auch nicht der Fall ist?

Aber erst mal zurück zu den Anfängen einer Beziehung, denn schon da sind solche Phasen keine Ausnahme. Die Verliebtheitsphase dauert drei Monate bis drei Jahre an und ist geprägt von Unmengen an Hormonausschüttung.[14] Es handelt sich primär um den Glücksbotenstoff Dopamin. Es lässt uns euphorisch, aufgeregt, mit erhöhtem Herzschlag und schwitzigen Händen zurück. Man kann sich kaum auf etwas anderes konzentrieren als das Objekt des Verliebtseins, hat Schmetterlinge im Bauch und jedes Mal ein Lächeln auf den Lippen, wenn der Gedanke an die Person durch den Kopf streift.

Nach ein paar Monaten verändert sich die Hormonausschüttung. Dopamin wird von Oxytocin und Vasopressin abgelöst. Der Körper schaltet auf Langzeitbindung, von Verliebtheit auf Liebe um. Die Bindung ist jetzt geprägt von Sicherheit, Geborgenheit, Vertrauen.

Denn so schön die Verliebtheitsphase auch ist, sie bringt Schwierigkeiten mit sich. Die geringe Erfahrung mit dem Gegenüber kann Nährboden für Unsicherheiten bieten. In welche Richtung geht diese Reise? Kann ich ihm*ihr vertrauen? Bin ich gut genug? Vielleicht verstellt man sich sogar, will der Person gefallen, ist eifersüchtig, wenn andere Menschen oder aktuelle/vergangene Beziehungen ins Spiel kommen.

Ich kriege unzählige Privatnachrichten auf Instagram darüber, dass sich irgendetwas in der Beziehung verändert hat. Es sei nicht mehr so aufregend, die Liebe ganz anders. Wenn man zur Angst neigt, ist es gerade diese Sicherheit in der Beziehung, die einen unsicher werden lassen kann.

Aber dieser Phasenwechsel von Verliebtheit zu Liebe ist Zeichen einer funktionierenden und intensiven Beziehung. Es ist wie das Freischalten eines neuen Levels, das euch mehr in die Zukunft und in die Verbundenheit katapultiert. Und es ist meist auch der erste Wendepunkt. Bleibt ihr zusammen, intensiviert ihr eure Beziehung und lasst euch vertrauensvoll hineinfallen? Oder wollt ihr euch auf die nächste Aufregung einlassen, eine neue Phase der Schmetterlinge im Bauch erleben und mit jemand anderer oder anderem wieder von vorn anfangen?

Sicher ist, auch in der nächsten, der übernächsten und in der Beziehung danach wird irgendwann die Verliebtheit zu Ende sein.

Das heißt nicht, dass man in langjährigen Beziehungen nie Bauchflattern, Aufregung oder Unsicherheiten spürt. Ich wache seit Jahren jeden Tag neben Sebastian auf. Das macht mich, um ehrlich zu sein, zwar überglücklich, aber ich fühle mich sicherlich nicht tagtäglich explosiv adrenalingeladen und habe schon in der ersten Sekunde des Tages schwitzige Hände. Und darüber bin ich eigentlich ganz froh.

Hat man diese Phase überstanden, heißt das aber nicht, dass man nichts mehr in die Beziehung investieren muss, damit sie Bestand hat. Viele Menschen zeigen in der Anfangsphase unglaublich viel Zuneigung. Sie wollen die*den andere*n für sich gewinnen, schreiben kleine Notizzettel mit Liebesbotschaften, vergessen niemals die »Guten Morgen«-Nachricht oder den Abschiedskuss.

Ist man ein paar Jahre zusammen, kann es passieren, dass diese anfängliche Mühe nicht mehr die gleiche Priorität hat, dass man, wenn die Beziehungsperson von der Arbeit kommt, nicht mal mehr das Sofa verlässt oder vom Handy hochschaut.

Und genau da muss man ansetzen. Im Alltag.

Denn es sind vor allem die Kleinigkeiten, die addiert eine intensive Beziehung ausmachen. Das aktive Zuhören, wenn man fragt, wie der Arbeitstag war. Das Kuscheln am Ende jedes Tages, ganz ohne Ablenkung. Der Kaffee am Morgen, bei dem man sich tief in die Augen schaut oder über den bevorstehenden Tag spricht.

»*Period.* Wer hier anfängt, dem fallen die Lösungen für die schwierigen Aufgaben schon fast automatisch in die Hände.« – Sebastian

Bevor wir jedoch zu konkreten Intimitätsübungen kommen, ist es wichtig, zu wissen, dass Intimität nicht nur eine Ebene hat. Die meisten denken beim Wort Intimität sofort an die körperliche, sexuelle Art der Nähe. Aber Intimität ist viel mehr als das.

*Intimität – Substantiv, feminin [die]*
*Vertrautes, intimes Verhältnis, Vertrautheit*

## EMOTIONALE INTIMITÄT

Hier geht es vor allem darum, sich gegenüber der anderen Person emotional zu öffnen. Bei schönen und schwierigen Themen. Bei Zweifeln, Sorgen, Ängsten und den Dingen, die man sonst vielleicht eher mit sich ausmacht. Das führt zu einem tiefen Vertrauen, dass, egal was kommt, Ehrlichkeit und Offenheit in eurer Beziehung ein unglaublich hohes Gut sind. Dass man keine ungeklärten Ängste haben muss, sondern nachfragen kann mit der Sicherheit, das Innerste der*des anderen zu erfahren, auch wenn es vielleicht mal unbequem wird. So lassen sich Beziehungsprobleme langfristig und nachhaltig aus dem Weg räumen.

## INTELLEKTUELLE INTIMITÄT

In unzähligen Realityshows, in denen es darum geht, die wahre Liebe zu finden, ist eins der wichtigsten und am häufigsten genannten Kriterien, das die Teilnehmenden in einer Bindung suchen, immer tiefgehende Gespräche. Und sie haben Recht, solche Unterhaltungen schaffen eine besondere Art der Vertrautheit. Der Austausch über bedeutsame Ereignisse des Lebens, über Zukunftsträume, Werte und Normen. Ein Diskurs auf Augenhöhe, bei dem nicht das Ziel sein muss, immer der gleichen Meinung zu sein, sondern viel eher, sich tiefer kennenzulernen. Und das geht auch noch, wenn man schon Jahre zusammen ist, denn unsere Ansichten verändern sich ständig. Manchmal meinen wir eventuell, die*den andere*n etwas *zu gut* zu kennen, und fragen überhaupt nicht mehr nach. Auch dadurch kann Intimität verloren gehen.

## KÖRPERLICHE INTIMITÄT

Alles, was mit Berührungen in Zusammenhang steht. Das Bedürfnis, der*dem anderen nah zu sein. Einander fast schon nicht nah genug sein zu können. Streicheleinheiten, Kuscheln, Massagen, Küsse, Umarmungen, Sex – all das trägt zur körperlichen Intimität bei, die aber genau wie die anderen Dinge schwankend ist und deshalb immer mit offener Kommunikation und *Consent* (Einverständnis) einhergehen sollte. Egal, wie lange man schon zusammen ist.

Dieses innere Gefühl, dass Verbundenheit in der Beziehung fehlt, versuchen viele einzig und allein auf die körperliche Intimität herunterzubrechen und auch damit verschwinden zu lassen. Jedoch denke ich, dass das Fehlen von Berührungen und Sex ein Zeichen davon ist, dass die anderen Ebenen der Intimität nicht ausreichend gepflegt wurden. Dass man im Allgemeinen wenig Verbundenheit zur Beziehungsperson spürt und deshalb auch nicht das Bedürfnis hat, im Bett intim zu werden. Dieses fehlende Band lässt sich nicht mit Körperlichkeit allein wiederfinden und festigen.

**Sich auf viele verschiedene Arten nah zu sein, ist der Schlüssel zum *Spark*.** Wissbegierig zu bleiben, auch wenn man meint, schon alles zu wissen. Keine Gedanken lesen zu wollen, sondern nachzufragen und offen zu kommunizieren. Sich zu küssen um des Küssens willen und nicht, weil es danach noch weitergehen muss.

Aber wie macht man das genau? Wie erschafft man diese Verbindung?

Hier ein paar Übungen, die sich eventuell sogar in den Alltag integrieren lassen:

- **Herz-zu-Herz-Umarmung**
  Macht euer liebstes, vielleicht ja *euer* Lied an und umarmt euch den gesamten Song lang. Fest und lange. Ohne viele Worte und ganz ohne Ablenkung. Nur die Musik im Hintergrund und eure Nähe. Schon nach 20 Sekunden wird euer Oxytocin-Spiegel steigen, und ihr werdet euch bereits verbundener fühlen, wie eine Studie der American Psychosomatic Society belegt.[15]
- **Fragen stellen**
  Es gibt unzählige Websites oder Spiele mit den absurdesten Fragen für Paare. Vielleicht ist es anfangs komisch, einander zu fragen, was der schlimmste *Heartbreak*, die beste Erfindung der Menschheit oder die schönste gemeinsame Erinnerung ist. Aber genau aus solchen Fragen, die man am Anfang der Beziehung regelmäßig und irgendwann kaum noch stellt, entstehen Gespräche, die Stunden dauern, bei denen man von einem ins andere Thema kommt und irgendwann gar nicht mehr weiß, was die Anfangsfrage überhaupt war.
- **Die*den andere*n reden lassen**
  Gerade, wenn eine*r von euch nicht so gut darin ist, Gefühle zu äußern, ist das die richtige Übung. Stellt einen Timer auf zehn Minuten und lasst euer Gegenüber reden. Ihr … sagt nichts. Vielleicht reagiert ihr mit einem Lächeln oder einem

verwirrten Blick, mehr ist aber nicht erlaubt. Nach zehn Minuten wird getauscht. Zu Beginn ist diese Situation unglaublich ungewohnt. Aber meistens findet man nach anfänglichen eher sinnlosen und verlegenen Sätzen ein Thema, über das man reden möchte. Vielleicht hat es was mit der Beziehung zu tun, vielleicht aber auch nicht. Gerade der sonst eher ruhige Part in der Beziehung, der hin und wieder vielleicht unterbrochen wird und nicht so oft Raum für sich einnimmt, wird euch bei dieser Übung überraschen.

- **Blickkontakt**
  Wann habt ihr eurer Beziehungsperson das letzte Mal minutenlang in die Augen geschaut? Unsere Augen wandern nach ein paar Jahren eher zu Netflix auf dem Fernseher, Instagram auf dem Handy oder der aufregenden Geschichte im Buch als in das Gesicht unseres Gegenübers. Sich Zeit zu nehmen, in der man vor lauter Versinken in den Augen des anderen die Zeit vergisst, schafft Verbundenheit, schafft einen Spark. Also auch hier: eine romantische Playlist an und los geht's.
- **Gemeinsame Rituale**
  Glaubt mir, es sind die Kleinigkeiten, die eine Beziehung ausmachen. Der gemeinsame Kaffee am Morgen, die zehn Minuten quatschen vor dem Schlafengehen, der Sonntagsspaziergang. Habt ihr solche Rituale, die verbinden? Die ihr vielleicht selbstverständlich findet, die aber eigentlich super besonders sind? Setzt euch doch mal hin und redet darüber. Was sind die kleinen Dinge, die euren Tag, vielleicht ja sogar eure Beziehung ausmachen? Es ist genauso wichtig, über die Dinge zu reden, die gut laufen, wie über die, die nicht ganz so gut laufen. Und wenn ihr bisher keine Routinen oder keine Routinen *mehr* habt, sprecht darüber, welche ihr einführen wollt. Ist ein täglicher Spaziergang oder ein wöchentliches Date überhaupt realistisch? Was genießt ihr beide und was verbindet

euch ganz persönlich? Schon allein das Gespräch darüber wird euch emotional näherbringen.
Ein kleines Ritual von Sebastian und mir ist es zum Beispiel, dass wir immer die Zahnbürste der*des anderen vorbereiten. Das heißt, steht Sebastian als Erster auf und putzt seine Zähne, wartet auf mich eine Stunde später die Zahnbürste mit der bereits aufgetragenen Zahnpasta. Und genauso ist es andersrum, wenn ich als Erste meine Zähne putze, egal zu welcher Uhrzeit. Das hat sich irgendwie so eingeschlichen und ist eine kleine Erinnerung daran, dass wir aneinander denken und uns lieben. Jeden Tag, egal wie stressig der Alltag um uns herum wird.

»Das eine oder andere Mal war ebendiese Zahnbürste der Grund dafür, warum wir einen eigentlich unnötigen Konflikt, in dem wir einfach nicht aufeinander zugehen wollten, hinter uns lassen konnten. Eine kleine, aber entwaffnende Geste, die noch dazu fast automatisch passiert.« – Sebastian

- **Herzschlag horchen**
  Eines der schönsten Gefühle ist es für mich, auf Sebastians Brust zu liegen und sein Herz schlagen zu hören. Natürlich überhöre ich das auch hin und wieder, wenn ich in Gedanken, einer guten Netflix-Serie oder meiner TikTok-Kommentarspalte versunken bin. Es braucht ein gewisses Bewusstsein, eine Art Achtsamkeit, um solche kleinen Dinge im Alltag einzubauen. Aber auch als Übung mit Ankündigung kann dieses abwechselnde Hinhorchen zu einem unverwechselbaren Moment werden.

*Bewusst*, darum geht es in fast allen dieser Tipps. Achtsam umarmen, hinschauen, zuhören, nachfragen. Einfacher gesagt als getan.

- **Schreibt beide drei Dinge auf, die ihr an der*dem anderen liebt**
  Auf die Frage »Was liebst du an mir?« sagt man oft ohne viel Nachzudenken »alles«. Und auch wenn das vielleicht bis auf ein paar kleine Macken stimmen mag, ist es doch etwas anderes, zu hören, was genau es ist, was das Gegenüber an einem liebenswert findet. Die Grübchen, wenn man lacht? Die Fähigkeit, sich in andere hineinzuversetzen? Die zusammengekrauste Nase, wenn man sauer wird, oder die Leichtigkeit, die man in den gemeinsamen Alltag bringt? Versuche, spezifisch zu werden und deine Beziehungsperson mit deinen Antworten zu überraschen.
- **»Beweist«, dass ihr euch kennt**
  Kauft gegenseitig Kleinigkeiten füreinander aus folgenden Kategorien: Lieblingsdrink; etwas, was die Person braucht; Lieblingssnack; etwas, das dich an die Person erinnert; etwas in der Lieblingsfarbe. Tauscht die Dinge aus und redet darüber. Ich wette, es werden lustige und schöne Momente zustande kommen.

»Johanna hat mir einmal ein kleines Gläschen geschenkt, in das sie Zettelchen steckte, die mit meinen Eigenarten beschriftet sind. So etwas wie, dass ein Zeh an meinem linken Fuß bei jedem Schritt leise knackst. Das hat mir damals schon viel bedeutet und beweist mir jedes Mal, wenn es mir wieder ins Auge fällt, wie gut Johanna mich kennt.« – Sebastian

Bin nur ich das oder kennt noch jemand diese komische und unnötige Angst davor, diese *Basic*-Dinge über die Beziehungsperson nicht zu wissen? Ich habe beim Schreiben gerade panisch darüber nachgedacht, was Sebastians aktuelle Lieblingsfarbe ist. Es gibt wahrscheinlich wirklich nichts Unwichtigeres. Aber manchmal liege ich abends im Bett und frage mich: Wenn mir jetzt jemand eine Knarre an den Kopf halten würde, wüsste ich, dass sein Lieblingsessen veganes Gulasch ist? *Never mind.*

Diese eben genannten Übungen euren Love Languages anzupassen, hebt die entstehende Nähe auf die nächste Stufe. Die vorletzte Übung: perfekt für die Sprache der Liebe der aufmerksamen Worte. Die erste: etwas für die Love Language des Physical Touch. Die letzte: super für die Sprache der Liebe der Geschenke.

Allgemein: Wenn euch diese Übungen guttun, dann belasst es nicht bei der einen innigen Umarmung, dem einen intensiven Blickkontakt oder der einen so wichtigen Aussprache. Beziehungsarbeit bedeutet dranzubleiben. Irgendwann wird das Band wieder enger, und diese geplanten Übungen werden eventuell zu zufälligen Alltagsmomenten, die eure Bindung und euren Spark langfristig bewahren.

Hier aber auch noch mal eine Entwarnung: Manchmal entsteht bei solchen bewussten Versuchen der Verbundenheit kein besonderer Moment und auch das ist dann vollkommen in Ordnung. Nicht jedes Candle-Light-Dinner muss ein bedeutsames Gespräch, nicht jedes Date ein erstes Mal, nicht jede Körperlichkeit voller Leidenschaft sein.

Wir kennen sie alle, die Szenen im Film, in denen eine »gescheiterte Ehe« porträtiert werden soll. Zwei normschöne Menschen in ihren Fünfzigern stehen morgens ausdruckslos auf, gehen ausdruckslos arbeiten, ziehen sich ausdruckslos ein schickes Outfit an, sitzen sich ausdruckslos im Restaurant gegenüber, schreiten ausdruckslos wieder durch ihre Haustür, legen sich ausdruckslos nebeneinander, drehen sich in entgegengesetzte Richtungen und schalten die Nachttischlampe aus. Kein Wort wurde gewechselt, kein Lachen, höchstens ein Augenrollen ausgetauscht.

Auch wenn Film, Fernsehen und Social Media uns das nicht zeigen möchten – es ist normal, sich mal im Restaurant gegenüberzusitzen und nichts zu reden zu haben. Es ist normal, einen Tag die Umarmung mehr und am anderen weniger zu genießen. Es ist normal, ein paar Tage vor lauter Stress auf der Arbeit eher aneinander vorbeizuleben. Es ist normal, mal Wochen oder Monate keinen Sex zu haben. Es ist normal, Phasen mit mehr und Phasen mit weniger Streit zu durchleben. Und, sowieso, was für euch normal ist, das entscheidet am Ende immer noch ihr.

Bei mir hängt die Intensität meiner Gefühle zum Beispiel stark mit meinem Zyklus zusammen. Während meiner Periode bin ich anhänglich, total verliebt und ganz verkuschelt. Um meinen Eisprung herum fühle ich mich besonders unabhängig und selbstbewusst und während des PMS komme ich schneller in Angst- und Zweifelgedanken, bin auch mal genervt oder brauche Abstand. Früher hat mich genau dieses Wechselhafte in schlechte Gedankenspiralen verfrachtet, heute weiß ich, woher dieser Wandel kommt, und kann mit Akzeptanz zu mehr Gleichgewicht finden.

**Sicher ist: Kein Tag, keine Woche, kein Monat gleicht dem anderen – wichtig ist bloß, beizeiten in die Reflexion zu gehen und die Verbundenheit gemeinsam wieder da zu suchen, wo man sie verloren hat.**

Ich habe Sebastian gerade nach seiner liebsten Intimitätsübung gefragt, und er meinte, sich kurz vor dem Schlafengehen diese zwei Fragen zu stellen:

- *Wie war dein Tag?*
- *Für was bist du heute dankbar?*

Also, ich habe ja schon seit Ewigkeiten vor, mit Sebastian auf eine eher unkonventionelle Weise, die mir aber sehr spaßig vorkommt, einen prickelnden Moment zwischen uns zu erschaffen. Sie hat auch was mit unserem Bett zu tun, spielt sich aber etwas anders ab:

Beide bekommen eine Flasche Wein in die Hand, es gibt keine Ablenkungen außer Musik, und die Person, die die*den andere*n als Erstes berührt, verliert.

»Das wärst ja aber mal zu 100 Prozent du.« – Sebastian

Ich glaube, wir haben noch zwei Flaschen Weißwein zu Hause …

# PERFEKT UNPERFEKT

## GIBT ES DIE »EINE« PERSON ÜBERHAUPT?

Der kratzige Stoff meiner Jeans reibt an meinen von Tränen nassen Schenkeln und mein Bauch wird den Knopf jeden Moment aufspringen lassen. Langsam wird das Echtholzparkett unter meinen Pobacken kalt, und mein linkes Handgelenk färbt sich weiß von dem Druck, den ich mit meiner rechten Hand ausübe. Die Nase läuft, und ich sitze zusammengekauert gegen die grellgrüne Wand gelehnt auf meinem Kinderzimmerboden, die Stirn auf meinen Armen abgelegt, die ich um die Knie geschlungen habe.

Sebastian sitzt zwei Meter entfernt auf meinem zum Bett ausziehbaren roten Sofa und starrt sauer auf sein Ebenbild im welligen Spiegel, der ihm gegenüber an der Wand klebt, hinter ihm unzählige Fotos von unserem ersten Jahr als Paar. Eins, auf dem wir auf einer Party beide unsere von Blue Curaçao blau gefärbte Zunge rausstrecken. Ein anderes, auf dem wir uns auf einen Jägersitz geschlichen haben, ich noch mit schulterlangen Haaren und blonden Strähnen, Sebastian mit Zahnspange. Ein drittes, auf dem man nur unsere Füße und den Ausblick aus einem Zelt sieht, im Hintergrund der Bodensee – unser erster gemeinsamer Urlaub. Dazwischen viele Fotos mit Freund*innen, einige Bilder aus Fotoautomaten und unzählige Notizzettel mit Liebeserklärungen, Songtexten und Gedichten, die ich von Sebastian geschenkt bekommen habe.

Jetzt gerade achte ich nicht auf die Fotos, sondern kann mich kaum aufs Atmen konzentrieren. Ich ringe nach Luft und mein Gesicht läuft rot an.

»Jetzt reiß dich doch mal zusammen«, höre ich seine Stimme links von mir in einem genervten Ton.

»Ich, ich, ich kann mich … nicht zusammenreißen«, schluchze ich zurück.

15 Minuten zuvor saßen wir noch beide nebeneinander und versuchten, ruhig zu kommunizieren, doch schon da bildete sich bei Sebastians abweisender Stimme ein Knoten in meinem Hals. Meine Augen wurden glasig, und ich wusste, wenn ich jetzt anfange zu reden, weine ich. Aber ich wollte nicht *schon wieder* weinen, denn Sebastian sagt, dass das vom Thema ablenke und manipulierend sei. Ab dem Zeitpunkt gehe es dann nur noch um mich und meine Emotionen, das eigentliche Problem trete in den Hintergrund und sein Mitleid für mich wirke sich auf seine Meinung aus. Er ist nicht der Einzige, der das so sieht. Schon meine Mutter hat mich immer »Drama-Queen« genannt, wenn ich im Streit zu weinen angefangen habe.

»Schluck's runter.« Ein Satz, für den sie sich heute mehrfach entschuldigt, ihn damals aber sehr gern gesagt hat, sobald sie den Kloß im Hals hörte und die erste kullernde Träne sah.

Dieses Mal nicht. Dieses Mal schluck ich's tatsächlich runter. Ich möchte nicht weinen, denn ich weiß, dass Sebastian dann zumachen wird. Also versuche ich ganz kontrolliert, meine Emotionen im Kopf zu Worten zusammenzufassen, und atme tief ein. Beim Atmen bemerke ich, wie dieses von einem kleinen Schluchzer unterbrochen wird. Ich schlucke runter. Tief einatmen.

Ich kann nicht. Die erste Träne läuft meine Wange hinab und es bricht vor lauter Zurückhalten komplett aus mir heraus. Sebastian verdreht die Augen und setzt sich ein Stück weiter von mir weg.

Sage ich doch … Er macht zu. Aber ich kann doch nichts dafür, dass ich weinen muss? Oder?

»Jetzt übertreib doch nicht wieder! Kannst du auch einmal nicht weinen?«

»Okay, dann verpiss dich doch einfach, wenn ich dir zu anstrengend bin. Du magst mich sowieso nur, wenn ich einfach bin, oder?«

Ich rutsche im gleichen Atemzug vom Sofa herunter, lehne mich gegen die kalte grüne Wand und lasse den Kopf in den Schoß sinken. Ups … eigentlich wollte ich sowas nicht mehr sagen. »Halt's Maul«, »Verpiss dich«, »Du kannst mich mal« – alles wirklich keine gesunden und vor allem zielführenden Aussagen in einem Streit. Aber hin und wieder rutscht mir sowas einfach raus, wenn ich mich hilflos fühle und mir nicht anders zu helfen weiß.

»Puh. Diese Geschichte zu lesen, ist echt nicht leicht, aber sie hat sich ziemlich genau so abgespielt. Was mir dabei noch mal besonders vor Augen gehalten wird, ist, was für ein enormes Potenzial in einer jeden Person und einer jeden Beziehung steckt, denn, *Spoiler Alert*: Heute haben wir einen gänzlich anderen Umgang mit solchen Situationen, mit viel mehr Rücksicht und Verständnis. Aber um das heute sagen zu können, mussten wir durch diese und viele weitere solcher Situationen durch.« – Sebastian

Sebastian dreht sich von mir weg. Und da sind wir nun. Seit Minuten weine ich in meine Jeans. Es ging darum, dass ich mich für den Geburtstag von Sebastians Oma umziehen sollte. Sein Vater hat ihm aufgetragen, mir das zu sagen. Ich war davon überhaupt nicht begeistert, denn man kriegt mich nur so, wie ich wirklich bin. Und meine Außenwirkung war mir damals mit 18 wichtiger als alles andere. Ich bin links, Vegetarierin und träume von einer besseren Welt – das soll man mir gefälligst auch ansehen! Aber jetzt soll ich meine durchlöcherte Jeans mit einer schwarzen Hose ersetzen, einen BH anziehen und mein weinrotes Haarband zu Hause lassen? Nicht mit mir!

Ich will, dass Sebastian für mich einsteht und auf meiner Seite ist. Wieso ist es auf einem Familiengeburtstag im kleinen Kreis so wichtig, sich an die Etikette zu halten? Sollte nicht die Individualität von allen akzeptiert werden?

Nach zehn Minuten kommt dann sein »Reiß dich zusammen« und mein schluchzendes »Ich kann nicht«. Wieder wird alles leise außer Sebastians Schnaufen und meinem Schluchzen. Am liebsten würde ich gerade einfach nur in den Arm genommen, aber Sebastian fällt das in solchen Momenten schwer. Er hat Probleme damit, gegen meine eher lauteren und offen gezeigten Gefühle anzukommen, und fühlt sich bei jedem Schritt auf mich zu so, als würde er einen Schritt von sich, seinen Gefühlen und Standpunkten weglaufen.

Aber liegt vielleicht genau da das Problem?

»Ich will nicht, dass wir gegeneinander reden. Wieso sind wir nicht auf einer Seite?«

»Es kann nicht immer alles genau so laufen, wie du das willst«, erhebt Sebastian seine Stimme.

Uff. Klar stimmt das, aber in diesem Punkt will ich auch nicht mit mir reden lassen. Wir sind zusammen, *weil* ich so bin, wie ich bin, oder?

Na ja, ich habe mich im ersten Jahr unserer Beziehung schon ziemlich verändert. Von jeden Tag Lidstrich und Lippenstift zu selbst gemachtem Roggenshampoo und Reishaarmaske. Von Kassler zu Kichererbsen, von Party am Samstag zu Demo am Sonntag. Von Angst, mit zu vielen Stoppeln intim zu werden, zu überhaupt keinen Rasierer mehr besitzen.

Sebastian dauerhaft an meiner Seite, unterstützend und, zugegeben, selbst ein sehr eifriger Demogänger. Aber ich habe auf Demos noch lauter geschrien als er, im Familien- und Freundeskreis noch engstirniger diskutiert und mich nach außen hin noch stärker positioniert. Laut kann ich. Vielleicht ist es ja das, was ihn stört? Lasse ich ihm zu wenig Raum?

Vor all den Gedanken höre ich für einen Moment auf zu weinen und schaue mit einem Schmollmund von meinem Platz am Boden hoch zu Sebastian. Vielleicht erhasche ich ja sogar einen Blick in seine Augen.

»Willst du wirklich, dass ich mich umziehe? Ich habe mich extra schick gemacht, auch wenn es vielleicht nicht das ›schick‹ ist, was deine Familie als solches bezeichnet. Ich fühle mich gerade echt sehr abgelehnt von dir.«

Kurz Stille.

Und dann Bewegung. Er kniet sich zu mir.

»Ich finde dich schön, wie du bist, aber du kennst doch meine Familie …«

Er versucht wieder, die Verantwortung von sich zu schieben. Auch er ist beteiligt an der Entscheidung, mir zu sagen, ich solle mich umziehen. Ich hätte meinen Eltern den Vogel gezeigt, würden sie mir sagen, Sebastian solle sich für sie verändern. Aber Verantwortung übernehmen ist etwas, was man lernen muss. Er macht das zu jener Zeit gern so. Schafft er es nicht, sich zwischen zwei Partys, zwei Urlaubszielen oder zwei Filmen zu entscheiden, wartet er, bis ich die Wahl für uns beide treffe. Daraufhin ist er zufrieden bis zu dem Zeitpunkt, an dem ihm die Party, der Urlaubsort oder der Film doch nicht gefällt. Dann bin ich die, die die blöde Entscheidung getroffen hat. Dabei vergisst er seinen Anteil. Er ist mit mir auf die eine und nicht die andere Party gegangen, hat den Zug nach Italien anstatt nach Frankreich gebucht. Er will bloß keine Verantwortung für dafür übernehmen. Paart sich gut mit einer sehr entscheidungsfreudigen Person wie mir. Aber zurück zum Gespräch.

»Du bist es, der mich darum bittet, mich umzuziehen, und außerdem, bin ich jetzt nicht auch irgendwie deine Familie?«

Ja, schon als Teenagerin habe ich mehr als gern in die Zukunft geblickt. Mein 18-jähriges Ich dachte, erwachsener zu sein, als ich es jetzt, acht Jahre später, je sein könnte.

Bei unserem vielleicht fünften Date saßen wir auf der Türschwelle des orangefarbenen Hauses am Bahnhof des Dorfes, in dem Sebastian aufgewachsen ist. Aus dem Nichts fragte ich ihn, was er denn nach dem Abi machen wolle und ob er für immer in Frickenhausen bleibe. Natürlich direkt mit einem leicht urteilenden Unterton, um ihm die (meiner Meinung nach) richtige Richtung der Antwort schon mal vorzugeben. Ich hatte schließlich bereits sowas wie einen Fünfjahresplan und mein Partner musste natürlich in diesen reinpassen. Wieso sollten wir sonst zusammen sein?

Ich sage doch, sehr erwachsen für meine jungen Jahre.

Sebastian wusste nicht so recht, was er antworten sollte. Er kam ins Straucheln und meinte ganz offen, dass er sich darüber noch keine Gedanken gemacht habe. Erst mal das Abi machen und dann weitersehen. Bevor er die Gegenfrage überhaupt stellen konnte, war ich schon am Erzählen. Ich wolle erst mal mit dem

Van durch Europa und danach nach Berlin ziehen. Die Städte und die Gedanken der Menschen hier seien mir viel zu klein, die Straßen und die Zukunftsperspektive zu grau. Lieber die weite Welt sehen und das am besten mit meinem Freund.

Und so verliebt, wie wir waren, fingen wir dort auf der Türschwelle eines fremden Hauses an, Zukunftspläne zu schmieden. Mein Fünfjahresplan inspirierte wohl auch Sebastian oder vielleicht waren es auch seine Verliebtheit und meine »Wenn ich einen Freund habe, dann auch für immer«-Attitüde.

Uns unsere Zukunft erträumt haben wir ab diesem Zeitpunkt eigentlich dauernd. Ob zu zweit oder lauthals vor unseren Familien, die uns immer wieder gern daran erinnert haben, dass wir doch erst mal schauen sollten, was die Zeit so bringt, und nicht voreilig planen. Nach dem Motto »Werdet erst mal erwachsen«.

Aber genau das war es ja, wir waren doch schon längst erwachsen, oder etwa nicht?

Und so habe ich auch auf meinem Kinderzimmerboden, noch mit verschnupfter Nase und roten Augen, meine klaren Vorstellungen geäußert. Und es hat gefruchtet.

»Ich möchte einen Freund, der hinter mir steht, wenn es drauf ankommt. Bei dem es heißt ›Wir gegen das Problem‹ und nicht ›Du gegen mich‹.«

»Hm … das verstehe ich. Tut mir leid, dass ich das nicht von Anfang an verstanden habe.«

»Tut mir leid, dass ich wieder ›Verpiss dich‹ gesagt habe, und auch, dass ich geweint habe.«

»Fürs Erste ja, aber fürs Weinen musst du dich nicht entschuldigen, das war mein Fehler. Ich versuche, deine Emotionen ernst zu nehmen, seitdem wir vor ein paar Wochen länger darüber gesprochen haben, aber es gelingt mir noch nicht so gut, tut mir leid.«

Und da saßen wir, Arm in Arm, blutjung, verliebt und verletzlich. Gerade im Streit einige Schritte zu weit und dann in der Versöhnung ein paar aufeinander zugegangen. Aber ist es denn überhaupt okay, Fehler zu machen? Dinge zu tun, für die man sich später entschuldigen »muss«?

Vieles von dem, was in diesem Streit passiert ist, eignet sich nicht unbedingt als Vorzeigematerial. Emotionen nicht validieren, Beleidigungen aussprechen, keine Verantwortung übernehmen, Stimme erheben.

Aber wie könnte es in der ersten richtigen Beziehung in so jungem Alter auch anders sein? Der einzige Ort, an dem wir gesundes Streiten und Kommunizieren hätten lernen können, wäre in unserem Umfeld zu Hause gewesen, bei unseren Familien. Und sogar, wenn das passiert wäre, ist Theorie nicht gleich Praxis.

Heute würde ich Sebastians Rationalität und seine Kommentare zu meinem Weinen genauso wie meine Beleidigungen direkt als *Red Flag* einstufen. Red Flag bedeutet, dass dieses Verhalten auf ein erhöhtes Risiko für allgemein ungesundes Verhalten in Beziehungen deuten könnte. Einer von vielen TikTok-Begriffen, die es möglich machen, Menschen in Schubladen zu stecken. Ich will damit nicht sagen, dass Schubladendenken nicht total normal und manchmal auch hilfreich sein kann. Aber ist es fair, von Menschen zu erwarten, dass sie fehlerfrei sind? Oder sollte man eher erwarten, dass Menschen aneinander, voneinander und aus ihren Fehlern lernen?

Habe ich mit dem Alter gelernt, wo meine Grenzen liegen, und würde mir sowas in einer neuen Beziehung nicht mehr »gefallen lassen«? Oder bin ich immer noch eine Verfechterin von zweiten oder auch dritten Chancen?

**Ich höre auf Social Media immer öfter den Satz »Liebe muss einfach sein« – und auch wenn ich irgendwo zustimme, dass Liebe an sich einfach sein kann, sind Menschen und damit Beziehungen es eigentlich nie.**

Welcher Mensch ist denn schon komplett einfach gestrickt? Ohne irgendeinen Twist? Ohne eine Hürde, einen Makel, einen »Fehler«?

»Liebe muss einfach sein« impliziert, dass man alles bereits gelernt hat und dass jede Person in der Beziehung nichts mehr hat, woran sie arbeiten kann. Es suggeriert, dass Probleme stets ruhig und mit viel Selbstreflexion besprochen werden, wobei sofort eine Lösung gefunden und umgesetzt wird. Ich ordne dieses Mindset eher der toxischen Positivität zu. Es ist der Versuch, *Good Vibes only* auch in Beziehungen durchzusetzen. Handelt es sich dabei wirklich um die Erwartungshaltung, dass Menschen sich immer im Griff haben müssen, oder vielleicht eher um den Versuch, Fehler unter den Tisch zu kehren, weil es unangenehm ist, über sie zu sprechen?

Okay, vielleicht würde man die Fehler auch gern manchmal überspringen und direkt an dem Punkt weitermachen, an dem man seine Lektion gelernt hat. Aber das hat wenig mit der Realität zu tun.

Das Leben ist voll von Fehlern. Egal, ob man die kleine Schwester geschubst, der Freundin das Spielzeug weggenommen, in der Schule beim Test geschummelt, über eine*n Mitschüler*in gelästert oder seine Beziehungsperson angeschrien hat. Es menschelt.

**Also sollten wir nicht viel eher lernen, wie wir mit Fehlern, mit Streit und mit schwierigen Phasen umgehen, anstatt sie zu verteufeln und so zu tun, als würde es sie nicht geben?**

Heute streiten Sebastian und ich uns ganz anders. Wir sind ruhiger, reflektierter und verständnisvoller. Auch irgendwo normal, neun Jahre später. Wir sind gereift, haben lernen und verzeihen dürfen. Wir haben herausgefunden, was wir akzeptieren können und wo unsere Grenzen liegen.

Was wir übers Streiten und wie wir aus unseren Fehlern gelernt haben, konntest du ja bereits zu Beginn des Buches lesen. Aber darum, wie man das »Tut mir leid« annehmen, wie man verzeihen und weitermachen kann, geht es jetzt.

Wenn ich online über einen Streit von Sebastian und mir berichte, bekomme ich oft die Frage, wie ich darüber hinwegkomme. Wie können wir nach einem Restaurantbesuch, bei dem wir heftig diskutiert haben, wieder zurück zu schöner Stimmung kommen? Wie reißen wir das Ruder rum und lassen den Streit hinter uns? Wie verzeihen wir uns?

Ich glaube, das hat unglaublich viel mit Selbstkontrolle, aber auch mit Vertrauen zu tun.

Erstere liegt voll und ganz bei einem selbst, Letzteres ist etwas, was man sich gemeinsam aufbaut. Ein Fundament, bei dem man sich immer und immer wieder bewiesen hat, dass man Wohlwollen füreinander empfindet, dass man sich liebt und wertschätzt, auch wenn man gerade kurz zickig, genervt oder streitlustig war.

Das zu wissen, löst einen aus der aktuellen Situation, in der man sich befindet, und lässt einen die Beziehung im Großen und Ganzen betrachten.

**Und um das zu schaffen, sich abzugrenzen von den aktuellen Gefühlen der Wut, Genervtheit, Sturheit, braucht es die erwähnte Selbstkontrolle. Rauszoomen ist das Stichwort.**

Wow. Sich selbst zu reflektieren, ist nicht immer einfach. Es beginnt, vor allem im Moment direkt nach einer Auseinandersetzung, bei mir mit einem Knoten in Kopf und Bauch. Mit dem Gefühl, dass sich da noch was lösen muss, obwohl in der Kommunikation mit dem Gegenüber schon alles gelöst wurde. Daraufhin nicht wieder von vorn anzufangen und die Diskussion noch mal neu aufleben zu lassen, sich nicht im Kreis zu drehen, nicht noch mal die Augen zu verdrehen, ist harte Arbeit im Inneren.

Wie oft sind Sebastian und ich einen Streit immer und immer wieder durchgegangen. Haben beide zehn Mal dieselben Argumente hervorgebracht, einfach deshalb, weil wir wollten, dass etwas, was im Inneren verarbeitet werden muss, im Außen ausgetragen wird.

**Aber eine Beziehung ist eben immer beides – Beziehungs- und Selbstarbeit. Nicht alles kann gemeinsam bewältigt, manches muss in einem selbst bearbeitet werden.**

Habt ihr schon mal von den vier Versprechen gehört? Der mexikanische Autor Miguel Ruiz schreibt in seinem gleichnamigen Buch über vier Vereinbarungen, die zu einem Leben mit mehr Freiheit und hilfreichen anstatt einschränkenden Glaubenssätzen führen sollen.[16] Ich finde, das passt hier sehr gut.

## DAS ERSTE VERSPRECHEN: »*BE IMPECCABLE WITH YOUR WORD*«, ALSO: »WÄHLE DEINE WORTE WEISE«

Im Kern bedeutet das, seine Worte weder gegen sich noch gegen andere zu richten. Zu sagen, was man wirklich meint, und nur auszusprechen, was man wirklich versteht. Laut der Philosophie der Tolteken, zu denen Ruiz sich zählt, formen Worte die Realität und das Leben. Das erste Versprechen besteht daher darin, das Leben durch gütige Worte zu gestalten.

Das ist einfacher gesagt als getan. Aber es geht, wie bei so vielem, um Übung. Wenn man übt, sich nicht zu ausfallenden und kränkenden Aussagen hinreißen zu lassen, auch wenn man wütend ist, wird man immer und immer besser darin.

Ich weiß noch, als ich *Die vier Versprechen* das erste Mal gelesen habe. Sebastian und ich lagen mit vielen anderen unserer Freund*innen auf Handtüchern am Flussufer des Neckar. Dort kann man nicht an vielen Stellen schwimmen, jedoch haben unsere Freundesgruppe und wir einen kleinen Spot gefunden, bei dem sogar ein über den Fluss ragender Baum einen Sprungturm ersetzt.

Ich war gerade in meiner »Ich lese nur Selbstverwirklichungsbücher«-Phase, und obwohl ich mir damit hin und wieder auch den Spaß am Lesen genommen habe, hat es mir in diesem Fall sehr weitergeholfen.

Wie weiter oben schon erwähnt, hatte auch ich Probleme, mich im Streit immer liebevoll auszudrücken. Die ersten Seiten des Buches von Miguel Ruiz waren daher eine Lektion für mich. Mich an dieses erste Versprechen zu halten, war weder einfach noch klappt es bis heute jedes Mal. Jedoch kann ich mich noch an mein junges Ich erinnern, das nach einem Streit, anstatt reserviert und unzufrieden dazusitzen und damit die Situation noch zu verschlimmern, tief durchgeatmet und versucht hat, etwas zu sagen, was die Situation erleichtern würde.

**Denn meistens weiß man, wenn man in sich geht, was die Stimmung auflockern würde, man schafft es bloß nicht, die Kraft aufzubringen und über den eigenen Schatten zu springen.**

Aber mit jedem Durchatmen, mit jedem weise gewählten Wort, wurde es einfacher. Bis es öfter einfach als schwer war.

## DAS ZWEITE VERSPRECHEN: »*DON'T TAKE ANYTHING PERSONALLY*«, ALSO: »NIMM NICHTS PERSÖNLICH«

Meistens sagen die Aussagen, die Menschen machen, besonders die verletzenden, mehr über sie selbst aus. Sie sind eine Projektion ihrer eigenen Realität auf dich. Das heißt natürlich nicht, dass man über konstruktive Kritik nicht nachdenken und sie daraufhin implementieren soll. Aber darum geht es: erst nachdenken und nur dann ernst nehmen, wenn man es selbst auch als wahr empfindet.

Wie im Kapitel über meine Unabhängigkeitsreise schon erwähnt, habe ich früher sogar Dinge persönlich genommen, die überhaupt nicht an mich gerichtet waren.

Vielleicht kennen das manche von euch. Man ist auf einer Party, einer Familienfeier, einem Treffen mit Freund*innen. Man erzählt einer Freundin eine Geschichte – und sie hört nicht zu. Man stellt der Tante eine Frage – und die wird übergangen. Man möchte etwas bestellen – und der Kellner übersieht einen.

Wahrscheinlich würde man jede dieser Situationen persönlich nehmen. Sich Gedanken darüber machen, ob man langweilig ist, zu viel redet oder eventuell irgendwo einen Popel kleben hat.

Aber in 99 Prozent der Fälle ist dem nicht so. In 99 Prozent der Fälle hat jede dieser Situationen mit dem Gegenüber zu tun. Die Freundin ist gerade abgelenkt, weil ihr Ex ihr mal wieder im Kopf herumspukt. Die Tante guckt peripher nach rechts, wo ihr Kind fast gegen eine Tischkante läuft. Der Kellner hat eine Neunstundenschicht hinter sich und schon den ganzen Tag Kopfschmerzen und Konzentrationsschwierigkeiten.

So wie in diesen Situationen mit anderen Menschen haben auch in einer Beziehung beide noch ihre persönlichen Probleme, die sie regelmäßig aufeinander projizieren.

Lehne ich eine Umarmung ab, bin ich höchstwahrscheinlich von meinem Alltag überreizt oder habe PMS. Zickt mich Sebastian mittags an, hat er in den meisten Fällen seit Stunden nichts gegessen. Lache ich in einem Streit, tue ich das vielleicht, weil ich in meiner Kindheit in meinen Emotionen oft nicht ernst genommen wurde, und sagt Sebastian »Weinen ist schwach«, tut er das eventuell, weil er als Junge oft in diesem Glauben gelassen wurde.

Das heißt nicht, dass man das alles einfach so hinnehmen muss – tatsächlich haben wir diese Verhaltensweisen auch füreinander abgelegt –, aber man muss es auch nicht persönlich nehmen. Für den eigenen Frieden.

## DAS VORLETZTE VERSPRECHEN: »*DON'T MAKE ASSUMPTIONS*«, ALSO: »MACHE KEINE ANNAHMEN«

Mein Deutschlehrer hat früher bei den Gedichtinterpretationen immer gesagt »Nicht REINinterpretieren, sondern RAUSinterpretieren«.

Das bedeutet, mit dem zu arbeiten, was tatsächlich gesagt und getan wurde, anstatt Vermutungen über das anzustellen, was möglicherweise zwischen den Zeilen steht. Der Mensch hat gern Erklärungen, möchte alles in eine Schublade stecken, und sobald eine (für uns) plausible Erläuterung da ist, verwechseln wir diese mit der Wirklichkeit.

So entstehen Glaubenssätze. Darüber, was andere denken, was sie können, was wir können, was sie wollen, was wir mögen und wer wir und die anderen sind.

Fragen stellen und sich die Antworten anhören, so unbequem es manchmal wirken mag, ist auf lange Sicht eigentlich sehr viel bequemer.

## DAS LETZTE UND ABRUNDENDE VERSPRECHEN: »*ALWAYS DO YOUR BEST*«, ALSO: »GIB IMMER DEIN BESTES«

Dieses Beste sieht jeden Tag, jede Minute und jede Sekunde anders aus.

In einer Woche fallen einem alle drei obigen Versprechen superleicht und man denkt »Jetzt habe ich es raus!«. Und eine Woche später beweist man sich genau das Gegenteil. Sagt etwas, was man nicht so meinte, nimmt eine Aussage des Gegenübers persönlich und vermutet, anstatt nachzufragen.

Und das ist okay!

Dieses Beste, das ist von so vielen Sachen abhängig. Der aktuellen Kapazität, Gesundheit, Stimmung, Stresslevel, Tageszeit, Zyklusphase etc.

Und auch wenn das Beste ein Mal »weniger« war, gibt sanft zu sich sein einem die Energie, das nächste Mal wieder sein Bestes zu geben.

**Selbstarbeit bedeutet nämlich auch, zu akzeptieren, dass man bei allen Selbstoptimierungsversuchen immer noch ein Mensch ist.** Dass man sich auch selbst verzeihen muss, um weiter nach vorne zu gehen.

Und wer das weiß, kann sich entschuldigen, Entschuldigungen annehmen und es beim nächsten Mal einfach erneut versuchen.

Ich bekomme oft Nachrichten von Menschen, die einen Vertrauensbruch in der Beziehung erlebt haben. Egal welcher Art – Eingriff in die Privatsphäre, Fremdgehen, Lügen oder Ähnliches.

Und ich mache mich jetzt vielleicht bei einigen unbeliebt, aber ich denke nicht, dass das unverzeihlich ist. Ich denke, dass auch das jede Person für sich entscheiden muss und keine Situation schwarz-weiß ist.

Aber ich glaube genauso, dass man Verzeihen manchmal erst ausprobieren muss. Dass Verzeihen, gerade wenn es um große Themen geht, ein Versuch ist. Ein Versuch, bei dem man sich eventuell nach einer gewissen Zeit eingestehen muss, dass man es nicht geschafft hat.

**Denn noch schlimmer, als eine Beziehung zu beenden, ist es, eine zu führen, in der die eine Person wieder versucht, ein Fundament und Vertrauen aufzubauen, während die andere nicht über einen Fehler hinwegkommt.**

Vertrauen und Verzeihen kann nur klappen, wenn es von beiden Seiten kommt. Denn die Person, die einen Fehler gemacht hat, ist zwar erst mal, aber nicht für immer in der Bringschuld. Irgendwann sollte der Fehler nicht mehr in jedem Streit aufgerollt, bei jedem Problem als Joker gezogen oder für jedes Verhalten verantwortlich gemacht werden.

Wenn die Person, die den Fehler gemacht hat, merkt, dass sie gegen eine Wand rennt und die*der andere ihr eventuell nicht mal eine Chance gibt, Sicherheit und Vertrauenswürdigkeit zu beweisen, sollte sie sich eingestehen, dass das so nicht weitergehen kann.

Sebastian und ich haben viele Fehler gemacht in den letzten neun Jahren. Wir waren jung, unerfahren und wussten es schlichtweg manchmal nicht besser. Wir haben einander durch Wachstumsprozesse, Identitätskrisen, Selbstzweifel, Jobwechsel, Umzüge, Familiendramen, Krankheiten und vieles mehr begleitet.

Während des Erwachsenwerdens, was an sich schon eine Herausforderung darstellt, war es nicht immer einfach, eine gesunde Beziehung zu führen. Wir hatten viele Learnings vor uns und sind durch diese mit brutaler Ehrlichkeit gemeinsam durchgegangen.

»Für uns hat sich herausgestellt, dass wir nur so eine glückliche Beziehung führen können. Wenn wir uns den Raum geben, individuell zu wachsen und Fehler auf unsere eigene Art aufzuarbeiten. Wichtig dabei war, dass wir immer auch die*den andere*n im Kopf hatten und nur so weit gegangen sind, wie wir es uns gegenseitig zugetraut haben. Diese Balance ausfindig zu machen, wo der perfekte Kompromiss zwischen sich ausleben und die*den andere*n dabei nicht vergessen, gefunden ist, war eine der schwierigsten Aufgaben in unserer Beziehung. Aber mit jedem Mal wurde das Vertrauen ineinander größer.« – Sebastian

Jetzt kennen wir unsere schönsten, coolsten und inspirierendsten, aber auch die nervigsten, anstrengendsten und schwierigsten Eigenschaften.

Und trotzdem wollen wir unser Leben miteinander verbringen.

Und das nicht, weil wir keine andere Wahl haben oder uns denken, es müsse um jeden Preis gelingen! Sondern weil wir wissen, dass wir für uns aus unseren Fehlern lernen und für immer Beziehungs- und Selbstarbeit leisten werden.

Auch wenn das hier in diesem Kapitel vielleicht so wirken mag: Man muss natürlich nicht *alles* verzeihen. In einer Beziehung zu bleiben, ist nicht in jedem Fall *the right thing to do*.

Und genau darum geht es im nächsten Kapitel.

# DAUERGLÜCKLICH

## Wie sieht eine gesunde Beziehung aus?

Die Sonne scheint durch unser Schlafzimmerfenster. Ich lehne die Kamera gegen unsere Aarke-Sprudelflasche und schaue mit einem Lachen im Gesicht zu Sebastian.

Er fragt, was wir eigentlich filmen wollen, und ich antworte, dass ich ihm hypothetische Beziehungsfragen stelle, die er spontan und ehrlich beantworten soll. Ein Format, das ich bei einer Tochter und ihrer Mutter mit Erziehungsfragen gesehen habe und von dem ich denke, es wäre lustig, das auch für Beziehungen zu machen.

Okay, Timer auf drei Sekunden, wir setzen uns nebeneinander hin und ich erzähle in die Kamera.

»Ich stelle meinem Freund hypothetische Fragen und schaue, wie er sie beantwortet.«

Ne, das war doof, noch mal.

Sebastian sitzt nach hinten gelehnt auf dem weißen Stuhl neben mir und macht sich erneut bereit für das Video.

Drei, zwei, eins.

»Ich frage meinen sehr entspannten Freund hypothetische Fragen und gucke, was er für Antworten gibt.«

»Okay, let's go.«

Pause. Play.

»Was würdest du machen, würde ich mit meinem Ex zusammen in den Urlaub wollen?«

Ich schaue Sebastian an. Er lächelt.

»Wäre schon komisch, du hast keinen Kontakt zu deinem Ex, er spielt keine Rolle in deinem Leben, wäre schon komisch. Ähm.«

»Aber wenn? Wenn der jetzt zum Beispiel in unserem Freundeskreis wäre?«

»Boah, kommt drauf an, was ihr für eine Beziehung habt gerade. Aber es ist schon so nahe an Red Flag, so, weil – warum?«

»Ja, weil es ein Freund vielleicht von mir ist.«

»Finde die Situation schwierig, weil es bei uns nicht so ist.«

»Okay.«

Pause. Play.

»Ich gehe nur mit meinen Singlefreundinnen in den Club, und du weißt, dass die anderen Girls Leute aufreißen wollen.«

Sebastian zuckt mit den Achseln und lacht mich breit an.

»Ja und jetzt? Du hast 'ne gute Zeit mit denen, gehst ein bisschen tanzen, und ich weiß, dass du nicht dahin gehst, um irgendwelche Typen aufzureißen, selbst wenn die das machen.«

Ich gucke bestätigend in die Kamera.

Pause. Play.

»Ich ziehe in 'ne WG mit drei Mitbewohnern.«

Sebastian lacht, wir müssen schmunzeln, weil uns die Antwort schon klar ist, da ich tatsächlich schon mit drei Mitbewohnern und zwei Mitbewohnerinnen in einer Wohnung gewohnt habe. Manche der Fragen sind eben hypothetischer als andere.

»Alles gut, ist ganz egal, was für ein Geschlecht deine Mitbewohner*innen haben. Ähm, aber ich war auch schon mal eifersüchtig auf einen Mitbewohner von dir. Ist schon intim, man ist eng aufeinander, man verbringt viel Zeit miteinander, und es ist schon was, worüber man sich Gedanken machen kann.«

»Aber du vertraust mir?«

»Klar vertraue ich dir, und wenn was wäre, dann würde ich dich darauf ansprechen als Allererstes.«

Pause. Play.

»Ich würde sagen, dass ich bei einer Freundin übernachte, aber dann gehen wir feiern, ohne dass ich es dir sage.«

»Würde ich cool finden.«

Ich lache laut auf.

»Ich würde hoffen, dass du mir Bescheid gibst und ich mitfeiern kann, weil wir gehen gar nicht so oft zusammen feiern, obwohl ich es mir öfter wünschen würde.«

Ich lege eine Hand auf Sebastians Knie und schaue ihm in die Augen.

»Du gehst zu deiner Freundin, und ab dem Zeitpunkt liegt es in deiner Hand, was du machst. Ich bin ja nicht deine Eltern.«

Wir lachen beide.

»Mach dein Ding, find ich gut.«

Pause. Play.

»Ich habe einen besten Freund, mit dem ich mich hin und wieder allein treffe, um Filme zu schauen oder ins Café zu gehen.«

»Ich glaube, es wäre am krassesten, also am schwierigsten für mich, damit umzugehen. Aber wir haben, du hast das ja jetzt nicht so …«

Ich unterbreche ihn.

»Deswegen ist es ja hypothetisch.«

»Ja, kommt ganz drauf an, was für eine Beziehung ich zu der Person habe und ob die vielleicht auch in einer Beziehung ist.«

Ich schaue Sebastian an und bejahe mit einem »Mhm«.

»Ob zwischen euch irgendwann mal was war oder ich denke, dass da 'ne *Tension* ist oder so. Ähm ja, aber das ist trotzdem nichts, wo ich kategorisch sagen würde ›Geht nicht‹. Aber am schwierigsten.«

»Danke.«

Ich lehne mich zu Sebastian, küsse ihn auf den Mund und wir sagen beide »*Byeeeee*«.

Stop.

Die Aufnahme ist im Kasten. Ich halte mein Gesicht kurz in die Sonne und überlege mir eine passende *Caption* für das Video.

was denkt ihr dazu? #gesundebeziehung

Und – gepostet.

2M Views

205.7k Likes

3.803 Comments

17.5k Saves

27k Shares

Wie du siehst, die Menschen hatten viel zu sagen zu diesem Video. Vor allem der Hashtag und dass wir die Aussagen von Sebastian als Teil einer »gesunden Beziehung« betitelt haben, hat die Menschen in Rage versetzt. Die Kommentarspalte war voll davon, wie ich Sebastian dazu zwinge, diese Antworten zu geben, wie weiblich oder eben überhaupt nicht männlich seine Ansichten sind oder wie sündig mein Verhalten wäre, wenn ich die hypothetischen Szenarien Wirklichkeit werden lassen würde.

»Das ist kein Freund, das ist eine Freundin.«

»Sie fragt das alles nur, um irgendwann fremdgehen zu können.«

»Bro hat Freundin wegen Alibi.«

»Sünde.«

»Wenn so eine gesunde Beziehung abläuft, will ich keine mehr.«

»Ich habe mich nach all diesen Kommentaren noch mal ganz gründlich hinterfragt und bin zu dem Schluss gekommen: Die Argumente sind einfach erdrückend. Sie haben Recht!

Spaß beiseite. Ich darf in meiner Beziehung viel Vertrauen haben, weil Johanna es mir jeden Tag mit kleinen Dingen und an manchen Tagen mit großen Dingen beweist. Nur deshalb kann ich auf diese Fragen auf diese Art antworten. Dafür bin ich sehr dankbar und wünsche jedem Menschen, dass er*sie, egal ob er*sie meine Ansichten in diesem Video teilt oder nicht, das gleiche Vertrauen zu seiner*ihrer Beziehungsperson gewinnen kann.« – Sebastian

Nicht nur Kommentare wurden verfasst, sondern sogar auch Videoantworten, in denen unsere Aussagen auseinandergenommen und die »richtigen« und »männlichen« Antworten auf meine Fragen geliefert wurden.

Das Ganze ging so weit, dass mir meine Follower*innen auf Instagram diese *Reaction*-Videos geschickt und natürlich ihre Empörung geäußert haben. Sie seien derselben Meinung wie wir und fänden diese toxische Männlichkeit megaunangebracht und -veraltet.

Wenn man sich das Transkript oben noch mal genauer anschaut, bemerkt man vielleicht, dass Sebastian keine seiner Antworten pauschalisiert hat.

Kein »Ja, hä, wer lässt denn seine Freundin nicht feiern gehen?« oder »Alle, die ihrer Beziehungsperson eine beste Freundschaft verbieten, sind toxisch«.

Sebastians subjektive, ganz persönliche Meinung hat jedoch trotzdem ganz viele Menschen auf Social Media dazu bewegt, ihre Meinung sehr pauschalisierend auszudrücken.

> »Das, was die haben, ist keine gesunde, sondern eine offene Beziehung, und Grenzen und Kontrolle sind in Beziehungen wichtig!«

> »In einer Beziehung geht man nicht mehr feiern. Punkt.«

> »Wenn man nicht eifersüchtig ist, liebt man sich nicht wirklich.«

Und. So. Weiter.

Ein Entweder-oder, ein Schwarz-oder-weiß.

Aber war der Hashtag, den wir verwendet haben, gerechtfertigt? Was ist überhaupt eine »gesunde Beziehung« und wer definiert das?

Für uns ist nichts schwarz oder weiß. Wer dieses Buch bis hierhin gelesen hat, wird das wissen.

Den Satz »Kommt drauf an«, den so viele bei dem obigen Video schlimm fanden, leben wir.

Denn: Kommt es nicht immer drauf an? Gibt es nicht immer Szenarien, in denen die eine, und welche, in denen eine ganz andere Antwort angebracht wäre?

Finde ich es schlimm, wenn Sebastian Körperkontakt mit anderen Frauen hat? Kommt drauf an. Umarmt er eine Freundin, nein. Hat er Sex mit ihr, ja!

Darf ich an Sebastians Handy? Kommt drauf an. Um auf die Uhr zu schauen, Musik anzumachen, etwas zu googeln – ja klar. Schnüffele ich ohne Grund in seinen Fotos und WhatsApp-Nachrichten herum – nein.

Aber was setzt dieses »Kommt drauf an« voraus? Brutale Ehrlichkeit. Offen deine Zweifel, Bedürfnisse und Unsicherheiten zu teilen. Ist es vielleicht das, was genau den Menschen, die so hart auf unser Video reagiert haben, fehlt?

## MEIN ERSTER TIPP FÜR EINE GESUNDE BEZIEHUNG: EHRLICH SEIN

Schaut man sich die Reaktionen (vor allem) der Männer unter unserem Video an, haben diese eigentlich viel mit Kontrolle und Unsicherheit zu tun. Kein Club, kein Urlaub, kein Kontakt zum Ex etc. Aber warum? Weil man das halt als Frau oder in einer Beziehung »nicht macht«? Oder steckt eventuell mehr dahinter? Höchstwahrscheinlich ein großes Stück Heteronormativität und Misogynie, aber das können andere Bücher und Autor*innen besser erklären, weshalb ich hier auf den Beziehungsaspekt eingehen werde.

Was genau viele dieser Männer an Sebastians Antworten als »weich« empfinden, ist eigentlich totale Selbstsicherheit. Er weiß, was ich an ihm habe, er weiß, dass er mir vertrauen kann, er weiß, dass er aber auch äußern kann, wenn ihn etwas stört, wir dann offen und ehrlich darüber reden und niemand verurteilt wird.

**Ehrlichkeit ist ein fundamental wichtiger Baustein einer funktionierenden Beziehung. Denn ohne sie können nicht die Bedürfnisse beider gehört, gesehen und, wenn möglich, erfüllt werden.**

Sebastian hatte früher Probleme damit, sich mir zu öffnen. Öfters hat er seine Meinung für sich behalten, mir Entscheidungen überlassen, auch wegen meiner Präsenz im Raum selbst weniger Raum eingenommen.

Das hat dazu geführt, dass ich und meine Wünsche viel mehr gehört wurden, viel mehr Platz hatten. Irgendwann hat Sebastian das bemerkt, wir haben darüber gesprochen, und er musste üben, sich mitzuteilen. Denn ohne eine ehrliche Kommunikation seinerseits konnten wir ihn und seine Bedürfnisse natürlich auch nicht einbauen.

Auf der anderen Seite musste ich lernen, ihm den Raum zu lassen, etwa nach einer von der Familie gestellten Frage nicht direkt dazwischenzupreschen und Sebastians Geschichte für ihn zu erzählen, obwohl er neben mir sitzt.

Ich musste auch lernen, auf seine Ehrlichkeit mit Offenheit zu reagieren. Denn natürlich ist nicht alles, was ehrlich ist, auch bequem.

Ein Erlebnis von uns, welches das Thema gut zusammenfasst, ist unser Versuch, 2021 einen Van zu kaufen. Die Betonung liegt auf »Versuch«.

Seit Jahren hatten wir immer wieder darüber gesprochen, wie schön es doch wäre, gemeinsam einen Van auszubauen, durch Europa zu reisen und unser Zuhause immer bei uns zu haben. Am Strand stehen, die Möwen beim Aufwachen hören, den Fahrtwind in den Haaren, ein Abenteuer jagt das nächste. Ich dachte, es wäre unser gemeinsamer Traum. Bis Sebastian einen Tag vor einer Besichtigung eines Vans endlich mit der Sprache rausrückte. Er öffnete sich und sagte mir, dass er das eigentlich gar nicht so richtig wolle. Die Verantwortung, einen Van zu kaufen, sei ihm noch zu groß. Es tue ihm leid, dass er so lange gewartet habe, bis er es mir gesagt hat, aber ich hätte so sehr davon geträumt, und so sei es ihm schwergefallen, meinen Traum platzen zu lassen.

Ich muss zugeben, es hat damals schon angefangen, ein bisschen in mir zu brodeln. Aber ich wollte, dass diese Erfahrung für Sebastian eine gute wird. Er sollte sehen, dass Ehrlichkeit nicht zu Streit führt. Dass ich Verständnis habe, aber trotzdem auch meine Sichtweise äußern kann. Dass auch ich ehrlich sein werde, ohne gleichzeitig sauer wegen seiner Ehrlichkeit zu sein.

Also sagte ich ihm, dass das okay sei. Dass ich es gut fände, dass er es mir sagt, und mir aber wünschte, dass er es mir beim nächsten Mal früher sagen würde. Ich versicherte ihm, dass er mir alles sagen könne und wir immer eine Lösung finden würden.

Seitdem hatten wir beide nie wieder das Gefühl, etwas, egal wie klein oder groß, nicht aussprechen und mitteilen zu können.

Und das macht eine gesunde Beziehung aus.

Wenn man also Angst davor hat, dass der*die Partner*in im Club jemand anderen kennenlernt, andere anflirtet oder von anderen angetanzt wird, dann darf man das ruhig sagen. So kann man gemeinsam die Wurzel des Problems herausfinden und Lösungen erarbeiten.

Tatsächlich kann ich mich hier nicht zu 100 Prozent rausnehmen. Wie im Unabhängigkeitskapitel schon mal erwähnt, ist mir Abstand von Sebastian früher nicht sonderlich leichtgefallen.

Seine Abschlussfahrt habe ich ihm durch ständige tränennahe Anrufe ziemlich versaut. Bevor er sich mit seinen Jungs getroffen hat, ging es mir oft *plötzlich* schlecht und ich brauchte *dringend* Zweisamkeit. Mich für ihn zu freuen, als er mit einem Kumpel nach Amsterdam ging, fiel mir sichtlich schwer. Und meine Meinung dazu, dass wir getrennt voneinander Auslandssemester machen … kann man sich denken.

Am Anfang unserer Beziehung war ich von Verlustangst und Abhängigkeit gequält und das hat sich auf unsere Dynamik ausgewirkt. Der Grund war nie, dass ich dachte, dass sich Urlaub, Männertreffen oder Zeit alleine in einer Beziehung nicht gehören. Die Wurzel lag in meiner eigenen Unsicherheit, in mir drin.

Gut, dass das schon lange der Vergangenheit angehört und ich mindestens ein Mal im Jahr selbst mit meinen Freundinnen in den Urlaub fahre.

Aber was kann denn helfen, wenn man schon eingesehen hat, dass man mehr Sicherheit braucht, um der*dem anderen seine*ihre Freiheiten zu lassen?

Hilft es vielleicht, die Gründe für das Feierngehen zu nennen? Zu versichern, dass man das nicht tut, um nach links und rechts zu schauen, sondern einfach, um einen schönen Abend mit Freund*innen zu erleben und zu 2000er-Musik zu tanzen?

Oder wie wäre es, alle zwei Stunden ein kleines Update zu senden wie »Hey, gehen jetzt noch in Bar xy, komme so gegen zwei Uhr nach Hause <3«?

Solche Gespräche oder Vereinbarungen schaffen Vertrauen und Sicherheit. Man geht davon aus, dass das Gegenüber loyal bleibt, und gibt der Beziehungsperson auch die Chance, das zu beweisen. Ganz im Gegenteil zu Verboten, die auf Misstrauen und Angst beruhen.

»Ich gehe öfter mit Kumpels feiern, und wenn alles glattgeht, ich mich hin und wieder melde und nicht wie die Sau nach Hause komme, ist alles in Ordnung und mein nächster Clubbesuch ist gar kein Problem für Johanna. Ich habe mich aber auch schon mal gar nicht gemeldet, habe meine Hausschlüssel zu Hause vergessen und mein Handy war leer. Am nächsten Morgen hat mich Johanna auf dem Balkon aufgefunden und hatte sich die ganze Nacht Sorgen machen müssen. Ich war zwar einfach nur mit einem Kumpel unterwegs, aber das Vertrauen war auf jeden Fall für den Moment verspielt.« – Sebastian

## MEIN ZWEITER TIPP FÜR EINE GESUNDE BEZIEHUNG, DER MIT DEM ERSTEN HAND IN HAND GEHT: GRENZEN RESPEKTIEREN

Dieses Wort, »Grenze«, wird meiner Meinung nach auf Social Media viel zu inflationär verwendet. Verbote werden schlichtweg als Grenze, als *Boundary*, getarnt. Es hört sich intelligenter, psychologischer, gesünder an.

Die Psychologie beschreibt als persönliche Grenzen die für eine Person wünschenswerte Verhaltensweise einer anderen Person. Grenzen setzen ist wichtig, muss aber von kontrollierendem Verhalten abgegrenzt werden.

Grenzen haben etwas mit einem ganz persönlich zu tun und beschreiben Verhalten, das auf die Person, die die Grenze setzt, gerichtet ist. Hier einige Beispiele.

»Ich möchte nicht, dass du so laut wirst, wenn wir diskutieren.«

»Ich möchte nicht, dass du meinen Körper ungefragt kommentierst.«

»Ich möchte nicht, dass du mich anfasst, ohne mich vorher zu fragen.«

»Ich möchte nicht für alles im Haushalt verantwortlich sein.«

»Ich möchte nicht, dass du unehrlich zu mir bist.«

Kontrollierend wird es dann, wenn sich die »Forderung« einzig und allein um das Gegenüber dreht.

»Ich möchte nicht, dass du solche Hosen trägst.«

> »Ich möchte nicht, dass du weiterhin diesem Hobby nachgehst.«

> »Ich möchte nicht, dass du und dein*e Kolleg*in nebeneinandersitzt.«

> »Ich möchte nicht, dass du heute mit deinen Freund*innen in diese Bar gehst.«

Diese Dinge betreffen einen selbst kaum bis maximal indirekt.

Und wenn man jetzt Tipp eins und zwei zusammennimmt, merkt man: Man kann diese kontrollierenden Wünsche ausdrücken, ehrlich sein und gemeinsam ergründen, sie jedoch nicht aufzwingen. Denn das wäre eben keine persönliche Grenze, sondern ein unverhandelbares Verbot.

Ich erkläre mir das immer gern so: Jede »Grenze«, die mein Gegenüber in vielen Lebensbereichen beeinflussen würde, geht einen Schritt zu weit.

Sich zu wünschen, dass das Gegenüber allgemein keinen Kontakt mehr zum anderen Geschlecht pflegt, greift in alle Lebensbereiche ein: Beruf, Familie, Freundeskreis, Hobbys.

Sich zu wünschen, dass die Beziehungsperson nicht mit anderen kuschelt, schränkt diese meistens kaum ein. Aber auch hier bewegt man sich auf dünnem Eis.

Wie gesagt, nichts ist nur schwarz oder weiß.

Man kann sich wünschen, dass die Grenze des »nicht mit anderen kuscheln« akzeptiert wird, das Gegenüber kann jedoch auch ausdrücken, wie wichtig der Körperkontakt für seine*ihre Freundschaften ist, dass das rein platonisch ist und mit Romantik nichts zu tun hat.

Und dann kommt es eben drauf an, wie wichtig einem die Grenze ist, ob man einen Kompromiss findet und ob hier Unsicherheiten Grund für die Grenze sind, die eigentlich kaum was mit dem Verhalten der Beziehungsperson, sondern mit dem eigenen Kern zu tun haben.

## MEIN DRITTER TIPP FÜR EINE GESUNDE BEZIEHUNG: GLEICHGEWICHT

Ich werde auf Social Media oft gefragt, ob unsere Beziehung je »toxisch« war. Vor allem online kursiert dieser Begriff seit einigen Jahren. »Toxische Beziehung«, das hört sich im ersten Augenblick vielleicht wissenschaftlich an, ist es jedoch gar nicht. Das Wort »toxisch« wird zur Zeit geradezu inflationär in den Raum geworfen. Im Grunde beschreibt es eine Beziehung mit vielen Höhen und Tiefen, ohne Nulllinie. Entweder alles ist unglaublich toll und man schwebt auf Wolke sieben oder man steht kurz vor der Trennung und ist am Boden zerstört. Dazwischen? Nichts.

Das bringt zum einen viel Kummer, viele Tränen und Anstrengung, aber auch unglaublich viel Adrenalin und Aufregung mit sich. Steckt man in so einer Beziehung, ist es gerade wegen der Höhen, die so hoch und unantastbar erscheinen, schwierig, sich zu trennen. Meist kommt so eine Beziehung auch mit Abhängigkeit, Kontrolle und ungesundem Streitverhalten daher.

Anstatt aus den Problemen zu lernen und Beziehungsarbeit zu leisten, dreht man sich im Kreis, und eine Entschuldigung folgt der nächsten, ohne dass sich etwas ändert.

Einer solchen Beziehung zu »entkommen«, kann Jahre dauern. Und wenn man es schafft, scheint alles danach erst mal langweilig. Dieselbe Wellenlänge mit der Beziehungsperson? Eine ruhige Kommunikation? Problemlösung, Alltag, Ausgeglichenheit? Wo bleiben die *Ups and Downs*?

Sebastian und ich hatten nach dieser Definition nie eine »toxische«, in manchen Phasen aber eine holprige Beziehung. Wir hatten unsere Probleme und haben bestimmt mal mehr und mal weniger, mal leiser und mal lauter gestritten. Am Ende waren wir die meiste Zeit im Gleichgewicht, indem wir unser Nervensystem runtergefahren, alle Missverständnisse ruhig und gelassen aus der Welt geschafft haben und sicher wussten, dass alles okay ist.

Und ich glaube, auch gerade das ist wichtig. Dass die schönen und vor allem die ausgeglichenen Momente die schwierigen immer noch haushoch überwiegen.

## MEIN VIERTER TIPP FÜR EINE GESUNDE BEZIEHUNG: MAN SELBST SEIN

»Man selbst sein« grenze ich etwas von »ehrlich sein« ab, weil es für mich mehr mit Spontanität und unkontrolliertem Sein als mit offenen und ehrlichen Gesprächen zu tun hat. Man selbst sein wird bei den meisten Beziehungen von Tag zu Tag, Woche zu Woche, Monat zu Monat und Jahr zu Jahr einfacher.

Im besten Fall kann man gemeinsam herumalbern, sein inneres Kind rauslassen, in Babysprache sprechen und vielleicht sogar voreinander pupsen (obwohl das kein MUSS für eine gesunde Beziehung ist).

Was man dafür braucht? Sicherheit. Das Wissen, dass man nicht verurteilt, ausgelacht oder in eine Schublade gesteckt wird.

## MEIN FÜNFTER TIPP FÜR EINE GESUNDE BEZIEHUNG: RESPEKT VOREINANDER

Dazu gehören alle obigen Punkte: ehrlich sein, aber nur, wenn dabei keine Grenze überschritten wird à la »In der Hose sieht dein Po unvorteilhaft aus«, ohne überhaupt danach gefragt worden zu sein.

Am Gleichgewicht arbeiten und die*den andere*n nicht für ihr*sein wahres Ich verurteilen.

Respekt ist eine Art von Wertschätzung und Achtung, die bedeutet, sich auf Augenhöhe gegenüberzutreten und sich auch auf Augenhöhe zu sehen. Wenn einer in der Beziehung insgeheim davon ausgeht, ein besserer Mensch zu sein, vielleicht intelligenter, fähiger, stärker … ist Respektlosigkeit nicht weit.

Respektvolle und gewaltfreie Kommunikation, auch in schwierigen Situationen. Verstehen und verstanden werden, Bedürfnisse und Gefühle erforschen und ausdrücken, Lösungen und Kompromisse finden.

Früher wollten Sebastian und ich immer einer Meinung sein. Wir trugen unsere Standpunkte so lange an die*den andere*n heran, bis wir uns stritten, weil wir nicht respektieren wollten, dass Menschen unterschiedliche Ansichten haben und das auch so bleiben kann.

Natürlich gibt es für alle unverhandelbare Moral- und Normvorstellungen. Aber solange es um Dinge wie »Zuerst Milch oder Müsli?«, »Ist Social Media gut oder schlecht für uns?« oder »Was ist interessanter, Handball oder Fußball?« geht, kann man am Ende einer angeregten Diskussion auch einfach mit einem »Okay, dann sind wir hier unterschiedlicher Meinung« auseinandergehen.

Dazu zählt ebenfalls, die*den andere*n nicht verändern zu wollen. Weder den Style noch den Job, die Hobbys oder sonst irgendwas. Man kann darüber sprechen, was man sich in einem*einer Partner*in wünscht, man kann sich gegenseitig inspirieren, sich einander ein Spiegel sein, aber niemanden zu etwas zwingen oder emotional erpressen. Damit schafft man ein Ungleichgewicht und bewegt sich weg von der Augenhöhe, auf der beide Parteien gleichwertig sind.

Und genau deshalb sage ich zu den zwei Pizza Margherita, die Sebastian im Jahr isst, obwohl wir beide vegan leben, auch nur etwas, wenn er mich nach meiner Meinung fragt.

PS: Das war noch nicht immer so, das Thema ist mir als Person mit sehr strengem Moralkodex lange schwergefallen. Ich habe Sebastian so lange Dokus über die Massentierhaltung gezeigt, bis ihm nichts anderes übrig blieb, als selbst Veganer zu werden. Zu einer fehlenden veganen Auswahl beim gemeinsamen Restaurantbesuch hätte ich definitiv einen abfälligen Kommentar abgegeben.

Heute weiß ich: Es ist wichtig, für seine Werte einzustehen und die Menschen um sich herum zu inspirieren, aber auch, die Beziehungsperson nicht kontrollieren und übergehen zu wollen.

## MEIN SECHSTER TIPP FÜR EINE GESUNDE BEZIEHUNG: DIE 80 : 20-REGEL

Wie der Psychoanalytiker John Bowlby sagte, soll man in einer gesunden Beziehung füreinander ein sicherer Hafen sein, von dem aus beide die Welt erkunden können. Und das bedeutet, dass nicht eine Person alle unsere Bedürfnisse erfüllen kann oder muss.

Um die Pi mal Daumen 20 Prozent, die nicht von der Beziehungsperson ausgefüllt werden können, muss man sich selbst kümmern. Sei es mit Hobbys wie Tonen, Häkeln oder Joggen oder mit anderen Bezugspersonen.

Andere Menschen im Leben zu haben, Freundschaften und Familie nicht zu vernachlässigen, ist gesund und wichtig. Bezugspersonen, auf die man sich verlassen kann, denen man vertraut, mit denen man ins Kino kann, wenn der*die Partner*in keine Lust auf den Film hat. Die ans Telefon gehen, wenn man ein Problem hat, und die Beziehungsperson in einem Termin ist. Die mit dir in das Surfcamp in Spanien fahren, weil es nicht der Traum deines*deiner Partner*in ist, surfen zu lernen.

Nicht zu verlernen, sich selbst gerecht zu werden, und auch gar nicht erst diesen Druck und die Verantwortung auf eine einzige Person zu legen, nimmt ganz viel Abhängigkeit und macht die Beziehung zu einem selbst und zum Gegenüber im Großen und Ganzen liebevoller und leichter.

»Es nimmt auch super viel Druck aus der Beziehung, wenn man sich eingesteht, dass die Beziehungsperson nicht jede einzelne Selbsterfüllungsaktivität abdecken muss. Feiern gehe ich mit meinen Kumpels, das bringt mir Freude und nimmt Johanna den Druck, bis in die Puppen mit mir wach bleiben zu müssen.« – Sebastian

## MEIN SIEBTER TIPP FÜR EINE GESUNDE BEZIEHUNG: DEN ANSPRUCH LOSLASSEN, SICH ZU 100 PROZENT SELBST ZU LIEBEN

Ich finde diesen Satz, sich zuerst zu 100 Prozent selbst lieben zu müssen, bevor man in einer Beziehung ist, völligen Nonsens. Soll man dann sein ganzes Leben warten?

Denn Selbstliebe und Heilung sind Lebensaufgaben. Sowas verläuft nicht linear und ist vor allem niemals zu Ende, niemals bei 100 Prozent. Hat man gerade Frieden mit sich geschlossen, tut sich ein neues Thema auf, an dem man zu knabbern hat.

Man braucht Menschen, Zuneigung und Liebe, um durchs Leben zu kommen.

Andererseits ist auch niemand dafür da, eure Wunden zu heilen. Man kann sich gegenseitig die Hand halten, um Hilfe bitten und einander durch die Heilung begleiten, solange es sich nicht um die alltäglichen Selbstzweifel, sondern um eine Angststörung, eine Depression oder ein Trauma handelt. Auch in dem Fall muss man nicht geheilt sein, bevor man eine Liebesbeziehung antritt, aber man sollte bereit sein, sich professionelle Hilfe zu holen, wenn nötig. Denn auch wenn Liebe und Sicherheit in Krankheit Unterstützung bieten: Gesund machen sie nicht.

## MEIN ACHTER TIPP FÜR EINE GESUNDE BEZIEHUNG: VERÄNDERUNG ANNEHMEN

Die einzige Konstante im Leben ist der Wandel selbst – oder wie war das noch mal?

> »Ich habe das geoogelt, das ist von Heraklit: *Die einzige Konstante im Universum ist die Veränderung.*« – Sebastian

Von 2015 an, als wir beide 17 waren, bis jetzt im Jahr 2024, wo wir 26 sind, hat sich vieles verändert. Wir als Individuen, aber auch unsere Beziehung hat sich geformt und ist jetzt ganz anders als zu Beginn. Darüber bin ich, was du wahrscheinlich dem einen oder anderen Kapitel entnehmen kannst, auch ganz schön froh. Solche Veränderungen, solche Entwicklungen schweißen zusammen.

Wir sind unabhängiger, sicherer, konstanter. Und das ist gut so, auch wenn es natürlich in manchen Bereichen teilweise erst mal angsteinflößend war.

Kein Bauchkribbeln mehr? Keine Achterbahn der Gefühle? Keine durch die Decke gehende Libido?

Veränderung ist normal, okay, und man muss damit rechnen. Diesem Wandel wohlwollend gegenüberzustehen und trotzdem gemeinsam die Dinge zurückzuholen, die einem früher gefallen haben und die man gemeinsam wieder aufblühen lassen will – darum geht's.

Das gesamte Buch dreht sich darum, wie man an einer Beziehung arbeiten kann. Aber manchmal, wenn die ganzen aufgezählten Punkte dieses Kapitels nicht erfüllt sind und alle Selbst- und Beziehungsarbeit ins Leere läuft, ist es auch okay und wichtig, eine Beziehung zu beenden. **Eine Beziehung zu beenden, hat nichts mit »Scheitern« zu tun.** In manchen Fällen, wie in einer toxischen Beziehung, ist es sogar stark und wichtig. In anderen einfach okay. Die Zeit, die man gemeinsam hatte, kann vorbei, aber trotzdem lehrreich oder auch schön gewesen sein.

Denn am Ende gibt es zwischen all den Tipps, Tricks und Lebensweisheiten, sich selbst und eine Beziehung zum Strahlen zu bringen, auch noch diese kleine, mir unbekannte Variable, die Sebastian und mich verbindet. Die uns (fast) jeden Morgen lächelnd in unsere Zweimeterdecke eingekuschelt aufwachen lässt, mit dem Wissen, dass die*der andere uns noch für eine ziemlich lange Zeit die Zahnbürste vorbereiten wird. Definitiv nicht dauerglücklich, aber ganz schön nah dran – eine Beziehungsreise mit Streit, Angst, Alltag und ganz viel Verbundenheit.

# DANKSAGUNG

Ein großes Dankeschön geht an meine Familie, die mich immer hat träumen lassen. An meine Mutter, die nahezu all ihre Kraft in ihre Kinder gesteckt hat und die mich mit ihrer Herzlichkeit immer wieder dazu inspiriert, eine bessere Version meiner selbst zu werden. Und an meinen Vater, der mich mit seinem eigenen Weg als Künstler von klein auf inspiriert hat.

Ich danke meinen Freundinnen, die sich fast so sehr über dieses Buch gefreut haben wie ich mich selbst, und ganz besonders Eleni, die mir beim Aussuchen des Buchtitels den Schubs in die richtige Richtung gegeben hat.

Danke schön an alle lieben Menschen, die mich täglich auf Social Media begleiten, sich anschauen, wenn es mir gut und wenn es mir schlecht geht, meinen Weg unterstützen und hören wollen, was ich zu sagen habe. Ohne euch wäre das hier nicht möglich und dessen bin ich mir sehr bewusst.

Danke auch meiner ehemaligen Managerin Lea, die mit mir dieses Projekt begonnen hat, und meiner jetzigen Managerin Fabienne, die es mit mir zu Ende bringt. Was wären wir chaotischen Künstler*innen nur ohne unsere strukturierten Manager*innen?

Ein herzliches Dankeschön gilt allen Beteiligten von Goldmann. Ich bedanke mich bei Gianna, die das Projekt anfangs betreute, und bei Johannes, der mir im allerersten Call zu diesem Buch ein unglaublich gutes Gefühl gegeben hat. Danke für euer Vertrauen.

Ganz besonders möchte ich mich bei meiner Lektorin Alina bedanken, die mit ihrer beruhigenden und bestärkenden Art nicht nur professionell alles richtig gemacht hat, sondern auch eine emotionale Stütze für mich war.

Nicht zu vergessen mein Lektor Oliver, von dem ich nicht nur viel lernen durfte, sondern der mir mit seinen Worten in Momenten der Unsicherheit immer wieder Mut gemacht hat. Dieses Buch zu schreiben, war sehr viel einfacher durch deine Kommentare am Rand meiner Texte, also danke!

Und zu guter Letzt möchte ich mich natürlich bei meinem liebevollen, unterstützenden und lebensbereichernden Partner Sebastian bedanken. Das größte Dankeschön von allen. Ohne dich wären diese Geschichten nicht geschrieben worden. Du hast mich durch alle Ups and Downs unserer Beziehung und auch die im Schreibprozess begleitet und dafür werde ich dir für ewig dankbar sein.

# QUELLEN


1 Friedemann Schulz von Thun / Kathrin Zach / Karen Zoller: *Miteinander reden von A bis Z. Lexikon der Kommunikationspsychologie.* Reinbek: Rowohlt 2012.

2 Paul Watzlawick: *Menschliche Kommunikation. Formen, Störungen, Paradoxien.* Bern u. a.: Huber 1969.

3 https://praesentare.com/mehrabian-mythos-7-38-55

4 Gary Chapman: *Die 5 Sprachen der Liebe. Wie Kommunikation in der Partnerschaft gelingt.* 37. Aufl. Marburg an der Lahn: Francke 2019

5 https://www.bsc-umwelt.uni-freiburg.de/index

6 Klaus E. Grossmann & Karin Grossmann (Hrsg.): *Bindung und menschliche Entwicklung: John Bowlby, Mary Ainsworth und die Grundlagen der Bindungstheorie.* 7. Aufl. Stuttgart: Klett-Cotta 2021.

7 Amir Levine: *Attached: The New Science of Adult Attachment and How It Can Help You Find – and Keep – Love.* Reprint Edition. London: Penguin 2012.

8 https://anti-stress-team.de/blog/gesundheit/atem/4-7-8-atmen

9 https://www.familienservice.de/-/schmetterlingsumarmung-akut-hilfe-bei-stress-oder-angst

10 https://www.optimizely.com/de/optimization-glossary/decision-fatigue

11 https://de.statista.com/themen/134/scheidung/#topicOverview

12 https://vm.tiktok.com/ZGekmdqPY

13 https://de.statista.com/infografik/15857/verteilung-von-hausarbeit-bei-maennern-und-frauen

14 https://www.familienleben.ch/leben/partnerschaft/die-6-phasen-einer-beziehung-steiniger-weg-bis-zur-liebe-4967

15 https://www.welt.de/kmpkt/article224695771/Beruehrung-Das-macht-eine-Umarmung-mit-deinem-Koerper.html

16 Miguel Ruiz. *Die vier Versprechen: Ein Weg zur Freiheit und Würde.* Berlin: Allegria 2012.